Wolfgang Winter

Wissenschaftliche Arbeiten schreiben

Wolfgang Winter

Wissenschaftliche Arbeiten schreiben

- Hausarbeiten
- Seminar- und Projektarbeiten
- Bachelor- und Masterarbeiten
- Dissertationen

REDLINE | VERLAG

Bibliografische Information der Deutschen Nationalbibliothek

Die Deutsche Nationalbibliothek verzeichnet diese Publikation in der Deutschen Nationalbibliografie. Detaillierte bibliografische Daten sind im Internet über http://d-nb.de abrufbar.

ISBN 978-3-86881-043-1

Für Fragen und Anregungen:
winter@redline-verlag.de

3., aktualisierte Auflage, 2010

Nymphenburger Str. 86
80636 München
Tel.: 089-651285-0
Fax: 089-652096

Korrektorat: Katrin Schlechtriemen, Gießen
Umschlaggestaltung: ZERO Werbeagentur GmbH, München
Satz: Jürgen Echter, Landsberg am Lech
Druck: Konrad Triltsch, Ochsenfurt
Printed in Germany

Inhalt

Ausgangslage und Themenformulierung

Bei einem Großteil der zu schreibenden wissenschaftlichen Arbeiten handelt es sich um Texte, die im Rahmen eines Studiums, einer wissenschaftlichen Aus- und Weiterbildung o. Ä. zu erstellen sind. Damit befindet sich die Autorin bzw. der Autor unmittelbar in einer Prüfungssituation, für die seitens der Studieneinrichtung (Universität, Duale Hochschule, Fachhochschule, etc.) in der Regel mehr oder weniger genaue, in jedem Fall aber offizielle Vorgaben definiert sind. Ausgangspunkt ist dabei stets eine entsprechende Formulierung, wie sie in dieser oder nahezu identischer Form in fast jeder Prüfungsordnung anzutreffen ist:

> *»Die wissenschaftliche Arbeit soll zeigen, dass der Autor in der Lage ist, eine (praxisbezogene) Problemstellung selbstständig unter Anwendung praktischer und wissenschaftlicher Erkenntnisse und Methoden zu bearbeiten.«*

Kernanforderungen an wissenschaftliche Arbeiten

Dieser Satz ist ebenso lapidar wie schwergewichtig, und bei genauerem Hinsehen lassen sich die zentralen Herausforderungen, die sich aus einer wissenschaftlichen Arbeit an die Autorin bzw. den Autor ergeben, unmittelbar ableiten.

Aus diesem Grund orientiert sich das Grundkonzept dieses Buches an den in der nachfolgenden Abbildung 1 gezeigten Kernanforderungen. Sie soll Ihnen dabei helfen, einen effizienten und sicheren Pfad durch den Dschungel der Anforderungen zu finden.

Da sich die verschiedenen Stufen wissenschaftlichen Arbeitens nicht kategorial, sondern nur graduell voneinander unterscheiden, gelten die Kernanforderungen, die man aus dieser Prüfungsordnung herauslesen kann, im Kern sowohl für Seminararbeiten in Proseminaren und Projektarbeiten wie für Bachelor- und Masterarbeiten, Doktorarbeiten und Habilitationsschriften.

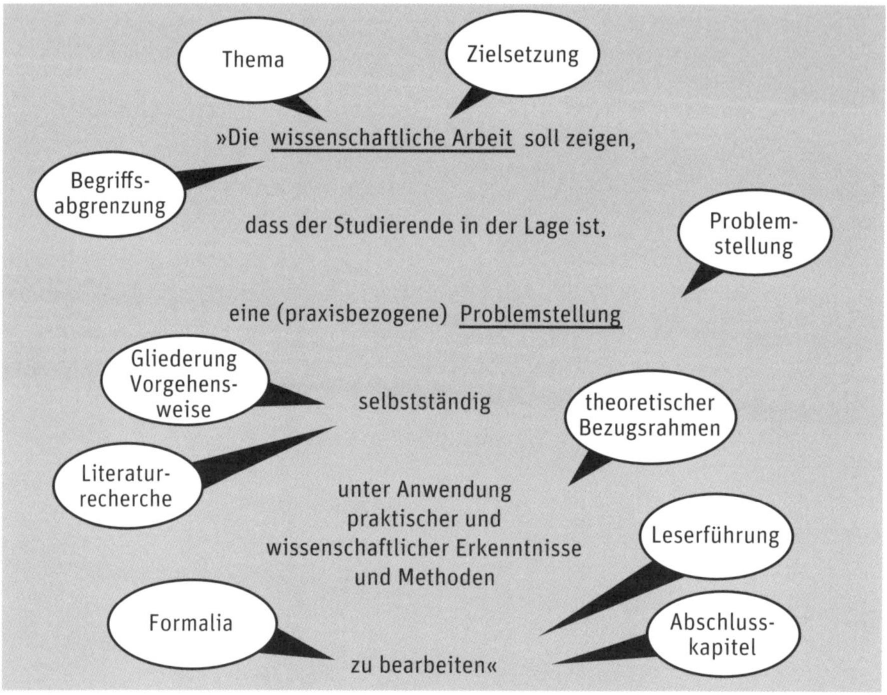

Abbildung 1: Kernanforderungen an eine wissenschaftliche Arbeit

Hauptunterschiede wissenschaftlicher Arbeiten

Selbstverständlich gibt es deutliche Unterschiede zwischen einer Projekt- oder Seminararbeit als Einstieg in das wissenschaftliche Arbeiten und einer Doktorarbeit oder einer Habilitationsschrift am anderen Ende der Skala, und das nicht nur im Seitenumfang. Doch diese Unterschiede bewegen sich streng genommen allesamt innerhalb des oben genannten Schemas und ergeben sich vorrangig aus Verschiebungen in den Gewichtungen der einzelnen Anforderungen. Dies macht die nächste Abbildung (Abb. 2) besonders deutlich. Diese Gegenüberstellung der unterschiedlichen wissenschaftlichen Arbeiten soll es Ihnen erleichtern, die grundlegende Ausrichtung bezüglich der Anforderungen an Ihre wissenschaftliche Arbeit noch ein wenig besser einzugrenzen.

Die Abbildung zeigt, dass die **Komplexität der Fragestellung** und die Bedeutung einer eigenständigen, innovativen und **substanziellen Problemstellung** ebenso zunehmen wie die **theoretische Fundierung** der Arbeit. Neben der reinen Theorie*anwendung* kommt mit steigendem Grad des Abschlusses die Forderung nach einem eigenständigen Beitrag zur *Weiterentwicklung* **der Theorie** hinzu. Dies gilt im Besonderen für Doktorarbeiten und Habilitationschriften.

Die **thematische Einschränkung** sowie die vorrangige Beurteilung der **Formalkriterien** nehmen demgegenüber eindeutig ab. Bachelor- und Masterarbeiten, mehr noch Doktorarbeiten/PhDs und Habilitationsschriften, gelten als so genannte **freie** wissenschaftliche Arbeiten, bei denen die selbstständige Problem- und Themensuche nicht nur erwünscht, sondern in vielen Fällen klar gefordert wird. Die Beherrschung der Formalia – die durch das entsprechende Training auf der Ebene der Seminararbeiten bereits erworben wurden – wird schlicht vorausgesetzt.

Praxisbezug und Problemlösungsanteil nehmen eine Zwischenstellung ein. In der Tendenz lässt sich festhalten, dass der Praxisbezug auf der Skala der wissenschaftlichen Arbeiten zunächst zunimmt und vielleicht am stärksten in Bachelorarbeiten gefordert wird. Dies dürfte heutzutage in besonderem Maße für die wirtschaftswissenschaftlichen und die technischen Fächer sowie für all die Disziplinen gelten, die sich »Praxisnähe« auf ihre Fahnen geschrieben haben.

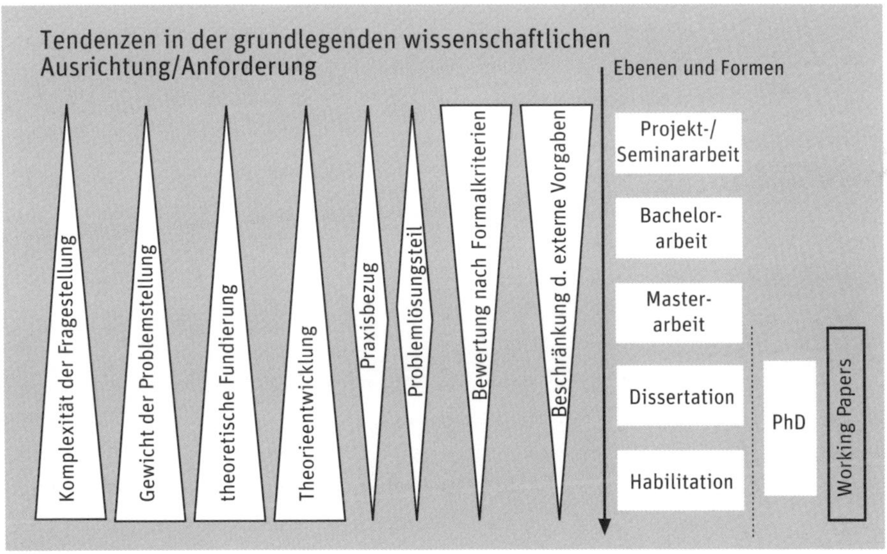

Abbildung 2

In den vorgeschalteten Seminararbeiten fehlt für derlei Fokus auf eine praktische Problemlösung vielfach sowohl die wissenschaftliche als auch die praktische Erfahrung bei der Autorin/beim Autor und vor allem auch schlicht der Raum – aufgrund des doch stark begrenzten Seitenumfanges.

Gerade Doktorarbeiten, die ja nicht zuletzt für eine wissenschaftliche Karriere qualifizieren sollen, wenden sich in der Regel stärker der Theorie zu und wollen mit ihrer Problemstellung und Zielsetzung weniger die gesellschaftliche Praxis ihres Faches als vielmehr ihr Fach selbst erreichen, ihre »scientific community«, wie man so schön sagt. Eine Ausnahme stellen betriebswirtschaftliche Doktorarbeiten dar. Unter dem Primat der Ökonomie ist die Wirtschaft der dominante Sektor in unserem täglichen Leben geworden, und die Wirtschaftswissenschaften versuchen dem durch starken Praxisbezug Rechnung zu tragen. Anders gesagt dürfte es zunehmend schwieriger geworden sein, in der Betriebs- oder Volkswirtschaft eine Doktorarbeit mit einer Ausrichtung »durchzubekommen«, die man beispielsweise in der Physik als so genannte *theoretische Grundlagenarbeit* bezeichnen würde.

Thema und Themenformulierung

Die Annäherung an eine wissenschaftliche Arbeit, egal auf welcher Stufe, beginnt in der Regel mit der Suche nach einem Thema, gefolgt von einer ersten Eingrenzung und entsprechenden Ausformulierung.

Wie sich im weiteren Verlauf noch zeigen wird, besteht dabei ein enger Zusammenhang zwischen Thema, Problemstellung und Zielsetzung sowie Struktur, Aufbau (= Gliederung) und der geplanten Vorgehensweise. Da man aber zu Beginn einer wissenschaftlichen Arbeit diese inhaltlichen und logischen Abhängigkeiten zumeist noch gar nicht im Detail überblicken und man außerdem diese Punkte in einem Buch nicht gleichzeitig einführen kann, werden sie nachfolgend Schritt für Schritt bearbeitet und jeweils an Ort und Stelle mit den entsprechenden Hinweisen auf die zu beachtenden Zusammenhänge versehen.

How to shoot an elephant

Beginnen wir zur besseren Veranschaulichung des Hauptanliegens dieses Abschnittes mit einem Bild, einem altbekannten Akademikerwitz:

»How to shoot an elephant«

Manch einer wird sich vielleicht noch an Prof. Grzimek erinnern, den bekannten Tierarzt und Tierfilmer, der in seinen Fernsehsendungen den Zuschauern regelmäßig exotische Tiere aus fernen Ländern präsentierte. Grzimek habe, so die Anekdote, eines Tages seine Gruppe von Nachwuchswissenschaftlern zusammengerufen, um ihnen mitzuteilen, dass es ihm gelungen sei, für das Forschungsgebiet »Elefant« Sonderforschungsgelder an Land zu ziehen. Er forderte sie deshalb auf, hierzu bearbeitbare Themen zu suchen und zu formulieren, um eine sinnvolle Verwendung der Geldmittel sicherzustellen und sie dem Geldgeber gegenüber dokumentieren zu können. Nach Ablauf der 4-wöchigen Frist präsentierte die international besetzte Wissenschaftlergruppe folgende Themen:

Der Engländer sah das Thema klar unter sportiven Gesichtspunkten und machte den Vorschlag: **How to shoot an Elephant**

Das französische Mitglied der Gruppe erachtete die psychologische Disposition des Forschungsobjektes für wissenschaftlich wesentlich ergiebiger und forderte eine Auseinandersetzung mit dem Thema: **L'Elephant et l'amour**

Die amerikanische Nachwuchswissenschaftlerin erinnerte an die Notwendigkeit, die eingeworbenen Gelder nutzbringend einzusetzen und plädierte für eine pragmatische und stärker kommerzielle Perspektive auf den Untersuchungsgegenstand: **How to make more money with an elephant**

Der Mitarbeiter aus Deutschland war gar nicht anwesend ...

Auf telefonisches Nachfragen von Prof. Grzimek bat der Deutsche um Entschuldigung, er »feile« noch am Thema und brauche noch etwas mehr Zeit. In einem nachfolgenden Meeting 14 Tage später wartete er dann mit folgender Themenformulierung auf:

Der Elefant als multigeografischer Großraumsäuger in seiner Funktion als agrarinfrastruktureller Optionengenerierer vor dem Hintergrund umweltpolitischer Radikalisierungstendenzen und unter besonderer Berücksichtigung neokolonialer Verwertungsstrategien

Obgleich die Forschercrew inklusive Prof. Grzimek sichtlich beeindruckt war, bestand der Deutsche darauf, auch die letzten Zweifel bezüglich der thematischen Ausrichtung seines wissenschaftlichen Vorhabens zu beseitigen und brachte zusätzlich einen vorbereiteten **Untertitel** ins Spiel:

– Versuch einer post-darwinistisch-biosozialtheoretischen Schemarevision als Beitrag zur ethnomethodologischen Randgruppenanalyse –

Wirklich beeindruckend, aber haben Sie den Kern des Themas verstanden?

Kriterien zur Themenformulierung

Bei der Formulierung des Themas einer wissenschaftlichen Arbeit ist Folgendes zu beachten:

- **Das Thema steckt den Fragenraum ab, in dem sich die Arbeit bewegt und den es abdeckt.** Zum Beispiel: »Die Internationale Unternehmung im Zeitalter des Internets«.
- **Das Thema lässt erkennen, dass die wissenschaftliche Arbeit im ihr zur Verfügung stehenden Rahmen alles Notwendige abhandelt.** Es verspricht also nicht mehr, als die Arbeit leisten kann. Der Rahmen ist selbstverständlich primär abhängig vom erlaubten Seitenumfang. So ist es in einer maximal 20-seitigen Seminararbeit schlicht unmöglich, über »Theorien der strategischen Unternehmensführung« zu schreiben. Der Prüfer erkennt sofort, dass diese Seminararbeit das Thema niemals, nicht einmal im Überblick, ausreichend wird bewältigen können.
- **Das Thema vermittelt keinen Absolutheitsanspruch.** Mit Formulierungen wie »das einzige/beste/neueste Konzept, Mittel oder Ähnliches« tut man sich keinen Gefallen und sollte sie tunlichst vermeiden. Auf diese Weise erzeugt die Autorin/der Autor die Erwartungshaltung, genau diese Einzigartigkeit zu beweisen, und das Thema wird zum unnötigen Weg in eine Sackgasse. Wenn der Text dann im Folgenden – was leider meistens der Fall ist – diesen Beweis nicht erbringen kann, scheitert die wissenschaftliche Arbeit an ihren *eigenen Forderungen*, nicht an denen einer externen Prüfungsinstanz.
- **Das Thema sollte nach Möglichkeit auch nicht als These im Sinne einer Vermutung, einer Meinung, Tendenz-Aussage oder Conclusio formuliert sein.** Im Kern gilt hier dasselbe wie für die Vermeidung des Absolutheitsanspruches. Wer sich auf Formulierungen einlässt wie: »Die Nutzlosigkeit von ...«, »Die Zweckfreiheit von ...«, »Der Mangel an ...« usw., legt die Arbeit von vornherein einseitig auf eine bestimmte Richtung fest, nimmt ihr die Möglichkeit zu einer balancierten Bewertung ihres Untersuchungsgegenstandes und erzeugt unnötigen Beweisdruck, macht mithin die Arbeit wesentlich angreifbarer. Es mag ja sein, dass Sie am Ende Ihrer »Untersuchung zur karrierestrategischen Relevanz eines Hochschulstudiums« summa summarum zur Schlussfolgerung gelangen, dass ein Studium sinnlos ist, aber das sollte man tunlichst nicht in das Thema hineinformulieren.
- **Das Thema ist keine Gliederung in einem Satz.** Nehmen wir das Beispiel »Empowerment als Führungskultur – Begriff, Grundidee, Nutzen, Umsetzungsinstrumente, Erfahrungen und Grenzen«.
  Die Gliederung dieser Arbeit war dabei exakt nach der Reihenfolge der Themenbausteine strukturiert. Die Vorwegnahme der Hauptpunkte der

Gliederung kommt bei Einstiegsarbeiten wie Seminararbeiten häufiger vor und wird dort in der Regel auch noch toleriert – ab der Stufe Bachelorarbeit tendenziell aber nicht mehr. Derartige Formulierungen, die, wie unschwer erkennbar, oftmals auch nachträglich aus der Gliederung gewonnen wurden, gelten als unbeholfen und unkreativ.

- **Das Thema ist keine Begriffssammlung.** Erfolgreiches wissenschaftliches Arbeiten erfordert und dokumentiert auch die Fähigkeit zur Abstraktion. Eine Arbeit, die diese Fähigkeit bereits bei der Formulierung des Themas vermissen lässt, präsentiert sich dem Leser – egal ob Prüfungsinstanz oder nicht – schon zu Beginn suboptimal. Beispiel:
  »SMS, Newsletter, Internet und Advertainment als moderne Marketinginstrumente«
  Im Falle einer Themenstellung, die sich mit mehreren verwandten Phänomenen oder auch speziell mit terminologischen Fragen beschäftigt, ist es daher ratsam, eine Abstraktionsebene höher nach einer geeigneten, übergeordneten Kategorie zu suchen.
- **Das Thema fungiert nicht als Inhaltsangabe.** Das Thema verrät, welches Sujet angegangen werden soll, gegebenenfalls noch »wie« und mit welchen Methoden, nicht aber, welche Ergebnisse im Detail und in welchen Schritten erzielt werden. Der Elefantenwitz mag hier als »abschreckendes« Beispiel dienen.
- **Das Thema ist keine Antwort auf eine (noch) nicht gestellte Frage.** Dies ist ein heikler Punkt, der immer wieder für Verwirrung sorgt. Zum einen, weil das Problem oftmals auf den ersten Blick gar nicht erkennbar ist. Zum anderen, weil das Thema ja in der Regel relativ früh im Arbeitsprozess, d. h. zu einem Zeitpunkt formuliert wird bzw. zwecks Anmeldung beim Prüfungsamt formuliert werden *muss*, zu dem man seine eventuelle Komplexität noch gar nicht durchdrungen hat. Sehen wir uns hierzu folgendes reales Beispiel einmal genauer an:
  »Virtualisierung von Strukturen als Folge der Globalisierung«
  Bei der Formulierung des Themas, und bis hierher müssten Sie dafür ja schon einen Blick bekommen haben, steckt der Teufel im Detail. Sehen Sie die Tücke? Ein Weg, problematische Formulierungen zu identifizieren, die Antworten auf Fragen geben, die (noch) gar nicht gestellt wurden, ist, das Thema in seine Bestandteile zu zerlegen und nach den möglichen sowie den berücksichtigten und übersehenen Kausalbeziehungen Ausschau zu halten:

Das Thema dirigiert den Leser in Richtung der Vermutung der Autorin/des Autors, die Virtualisierung von Strukturen sei Folge der Globalisierung.

Ursache = Globalisierung ⟵	⟶ **Wirkung = Virtualisierung**
Weitere Ursachen?	Weitere Wirkungen?

Dabei tut das Thema so, als sei die **Globalisierung die alleinige** *Ursache* für die Virtualisierung von Strukturen. Auch die zumindest zur Abgrenzung notwendige Einordnung in das Spektrum **weiterer** *Folgen* **der Globalisierung** wird durch oben genannte Formulierung nicht optimal ermöglicht. Ein übel wollender Leser kann das Thema unter Umständen sogar dahingehend interpretieren, die Autorin/der Autor vertrete die Auffassung, die Virtualisierung sei die einzige Konsequenz aus der Globalisierung, es gebe mithin nur eine simple Kausalbeziehung zwischen einer Ursache und einer Folge, wie in der Tabelle dargestellt. Eine Interpretation, die sicher nicht dazu beiträgt, den Leser für die Arbeit einzunehmen.

Eine Minimallösung zur Beseitigung des oben genannten Problems könnte, so simpel sie auch aussieht, folgende Umformulierung sein:

»Virtualisierung von Strukturen als eine Folge der Globalisierung«

- **Das Thema lässt keinen Zweifel daran, ob die Arbeit einen** *Prozess* **oder ein** *Ergebnis* **zum Ziel hat.** Diese Unterscheidung ist weitaus wichtiger als gemeinhin angenommen und die Praxis des wissenschaftlichen Arbeitens zeigt, dass die betreffende Arbeit sich oft selbst nicht darüber im Klaren ist. Nehmen wir folgendes Themenbeispiel als Ausgangspunkt:

  »Entwicklung eines Konzeptes für eine Franchise-Strategie für die Systemgastronomie in den USA«

  Welches Ziel verfolgt diese Arbeit? Ist es Aufgabe der Arbeit, dem Leser einen Vorschlag an die Hand zu geben, mit dessen Hilfe er strukturiert und Schritt für Schritt eine Franchise-Strategie für sein Unternehmen entwickeln kann? Oder hat die Arbeit zum Ziel, eine (fertige) Franchise-Strategie zu definieren und liefert zu diesem Zweck zumindest einen ersten Konzeptentwurf, der vielleicht im Detail an der einen oder anderen Stelle, z. B. bei der Zuteilung der personellen und finanziellen Ressourcen, noch plausibler darzustellen wäre? Kurz: Es handelt sich um zwei gleichermaßen mögliche und legitime, aber komplett verschiedene Ausrichtungen. Im ersten Fall beschreibt bzw. definiert die Arbeit einen **Prozess**, mit Hilfe dessen dem Leser die Erstellung seiner eigenen Franchise-Strategie ermöglicht bzw. erleichtert werden soll. Im zweiten Fall liefert die Arbeit als **Ergebnis** einen Inhalt, *eine* Franchise-Strategie in einem bestimmten Anwendungskontext, der näher zu bestimmen wäre.

Stellen Sie daher bei der Formulierung Ihres Themas sicher, dass Klarheit über Ihr Vorhaben herrscht, und denken Sie daran: Die Schwierigkeit, das eine vom anderen zu unterscheiden, kann ein Symptom dafür sein, dass Sie selbst noch nicht genau wissen, welche Richtung Ihre Arbeit einschlagen soll.

Nochmals: Selbstverständlich haben beide Richtungen die gleiche Wertigkeit; auch die Analyse, Beschreibung, Definition eines Prozesses *ist* ein Ergebnis einer wissenschaftlichen Arbeit. Und ebenso selbstverständlich kann eine Arbeit auch beide Ausrichtungen, d. h. Prozess und Ergebnis verfolgen. Nur sollte auch das in der Themenformulierung entsprechend kenntlich gemacht werden, etwa wie folgt:

»Franchise-Strategie – Prozessschritte und Kerninhalte dargestellt am Beispiel der Firma XY-Fast-Food in den USA«

Funktionen eines Untertitels

- Ein Untertitel ist auf jeder Stufe wissenschaftlichen Arbeitens ein hilfreiches Instrument zur Präzisierung der gewählten Themenstellung und sollte bei der Formulierung des Themas stets mitberücksichtigt werden.
- **Ein Untertitel erläutert die Vorgehensweise bzw. den Zugang,** den die Arbeit beim gewählten Thema nehmen möchte. Hierbei kann es sich z. B. handeln um
  - die Unterscheidung zwischen einem theoretischen versus empirischen Zugang, der auch den so genannten Case-Study-Approach mit einschließt,
  - die Angabe bzw. Präzisierung der theoretischen »Brille«, mit Hilfe derer das Thema beleuchtet werden soll, z. B. durch Formulierungen wie »ein entscheidungsorientierter Ansatz«, »systemtheoretische Überlegungen« etc.

- **Ein Untertitel kann eingrenzende Funktion haben.** Diese Möglichkeit ist je nach Themenstellung mitunter noch bedeutsamer als die Erläuterung des Zuganges, da sie in noch höherem Maße sicherstellen kann, dass die Erwartungshaltung des Lesers in die richtige Richtung gelenkt wird. Wenn eine wissenschaftliche Arbeit in ihrem Untertitel klar ausweist, dass sich ihre Analyse z. B. ausschließlich auf die Chemie-Branche bezieht, kann niemand den Vorwurf erheben, die Arbeit habe die Leserinteressen aus anderen Branchen nicht bedient. Weitere hilfreiche Dimensionen einer Eingrenzung im Sinne einer Beschränkung des Geltungsbereiches der Arbeit sind:
  - Geografie: Land/Region/Stadt etc.
  - Gesellschaftliche Teilsysteme und Gruppen
  - Sektoren: Handel/Industrie/Dienstleistung/Öffentliche Verwaltung
  - Firmengröße: multinationale Konzerne/mittelständische Unternehmen
  - Rechtsform: Personengesellschaften/Kapitalgesellschaften
  - Betriebliche Funktionsbereiche: z. B. Fokussierung auf die Auswirkungen einer bestimmten Neuerung auf Forschung und Entwicklung/Produktion/Logistik/Marketing/Personal
- Ein Untertitel signalisiert Bewusstsein um Vorläufigkeit, Kritisierbarkeit und den Geltungsbereich des Ergebnisses. So wenig wie Rom an einem Tag erschaffen wurde, so unwahrscheinlich ist es, dass – bei allem wissenschaftlichen Ehrgeiz und aller Anstrengung – das Ergebnis einer einzelnen wissenschaftlichen Arbeit der Weisheit letzter Schluss zu dem betreffenden Thema ist. Das verlangt auch niemand, denn Wissenschaft ist ein kontinuierlicher Prozess, in den sich jede Arbeit, je nach Umfang und Qualität, als Glied in einer Kette oder zumindest als kleines Rädchen in einem großen Getriebe einreiht.

  Wenn andernorts die Devise »Bescheidenheit ist eine Zier, doch es geht auch ohne ihr« vielleicht zum Erfolg führt, so schneidet man beim wissenschaftlichen Arbeiten erfahrungsgemäß mit einer Portion Bescheidenheit und einer gesunden Distanz zum Gefühl des eigenen Erfolges nach getaner Arbeit besser ab. Denn gerade für wissenschaftliche Arbeiten, die als Teil einer Prüfung geschrieben werden, gilt im Zweifel: Der wissenschaftliche Betreuer ist schon länger im Geschäft und hat schon so manche Themen-Karawane vorbeiziehen sehen – um es einmal salopp zu formulieren.

Gliederung

Im Gegensatz zum Thema selbst finden sich alle weiteren zentralen inhaltlichen Stolpersteine (Problemstellung, Zielsetzung, Vorgehensweise sowie Begriffsklärungen und die Frage des Bezugsrahmens) in irgendeiner Form in der Gliederung verankert bzw. abgebildet. Sie sollten es zumindest sein, denn auch das charakterisiert eine gute Gliederung. Doch wozu benötigt **jede wissenschaftliche Arbeit eine Gliederung,** und welche Bewertungskriterien werden an sie angelegt?

Anforderungen an eine Gliederung

- **Eine Gliederung zeigt die Befähigung des Autors zur eigenständigen Analyse und Strukturierung eines Themas und der zugehörigen Problemstellung.** Der größte und häufigste **Fauxpas**, den man hierbei begehen kann, ist, einem zum betreffenden Thema anerkannten Standardwerk die Gliederung zu entnehmen und sich an diese »anzulehnen«. Die größte **Schwierigkeit** wiederum besteht darin, aus einer Fülle von Quellen und möglichen Strukturierungen eine eigenständige und überschneidungsfreie Gliederung zu entwickeln, die dem persönlichen Denkstil entspricht.
- **Eine gute Gliederung schafft Übersicht und nicht Verwirrung in Bezug auf den logischen Ablauf der Arbeit.** Bei der Strukturierung einer Arbeit taucht immer wieder die Frage auf, wie viele Gliederungspunkte und -ebenen man einführen sollte, mit anderen Worten, wie viele Kapitel eine Arbeit aufweisen sollte und wie tief diese in Abschnitte und ggf. Unterabschnitte unterteilt sein darf. Folgende Faustregeln können hierbei hilfreich sein:
  - **Seitenumfang der Arbeit.** In der Tendenz gilt: je mehr Hauptkapitel, desto unübersichtlicher. Die Arbeit wirkt dann schnell »zerfleddert« und nicht »aus einem Guss«. Eine Seminararbeit mit 20 Seiten sollte nach Möglichkeit nicht mehr als vier Hauptkapitel aufweisen. Hierbei ist in der Regel die Beschränkung auf zwei Gliederungsebenen

ausreichend, bei Bachelor- und Masterarbeiten auf drei, bei Dissertationen auf vier und mehr. Aber auch für umfangreichere Arbeiten gibt es so etwas wie eine »natürliche Begrenzung«, die spätestens bei der Ebene 1.1.1.1.1 erreicht ist. Prüfen Sie selbst, ob eine solche Tiefengliederung dem Leser einen zusätzlichen Informationsgewinn liefert oder ob sie nicht primär zu Lasten der Balance und Übersichtlichkeit der Gliederung geht.

- **Umfang eines Abschnittes.** Will man einen Text als eigenständigen, d. h. mit einer nummerierten Überschrift versehenen Gliederungspunkt ausweisen (z. B. »3.2.1 Werbungskostenpauschale«), so sollte dieser einen Umfang von mindestens 0,5–1 Seite haben.
- **Anzahl der Zielsetzungen.** Verfolgt eine Arbeit mehr als eine Zielsetzung, so ist es in den meisten Fällen sinnvoll, jede der Zielsetzungen in einem separaten Kapitel oder zumindest einem separaten Abschnitt des Hauptkapitels der Arbeit zu behandeln.
- **Verhältnis von Kapitel zu Abschnitten.** Als einfachste Regel sollte man sich merken: Eine Gliederung sollte keinesfalls mehr Kapitel aufweisen, als ein Kapitel Abschnitte besitzt. Bei Arbeiten, die den Leser z. B. durch all ihre Kapitel 1–8 führen, ohne in den einzelnen Kapiteln in die Tiefe zu gehen, zeigt sich meist, dass es sinnvoller gewesen wäre, mehrere Kapitel in einem zusammenzuziehen und darunter die Inhalte in entsprechenden Abschnitten zu behandeln. Hierzu folgendes Beispiel:

Konsequenzen der EU-Osterweiterung auf Wertschöpfungsaktivitäten deutscher Unternehmen

1. Einleitung
2. Forschung und Entwicklung
3. Produktion
4. Logistik
5. Marketing
6. After Sales
7. Finanzen
8. Personal
9. Organisation
10. Fazit und Ausblick

Besser wäre zum Beispiel folgende Gliederung:

1. Einleitung
2. Primäre Wertschöpfungsaktivitäten
   2.1 Forschung und Entwicklung
   2.2 Produktion
   2.3 Logistik
   2.4 Marketing
   2.5 After Sales
3. Sekundäre Wertschöpfungsaktivitäten
   3.1 Finanzen
   3.2 Personal
   3.3 Organisation
4. Fazit und Ausblick

- **Eine gute Gliederung steuert die korrekte Gewichtung der Einzelteile der Arbeit.** Mit Ausnahme des einleitenden und abschließenden Kapitels gelten für alle Kapitel und Abschnitte einer Arbeit folgende einfache Faustregeln:
  - Alle Kapitel bzw. Abschnitte, die sich auf derselben Gliederungsebene befinden, sollten in etwa denselben Textumfang aufweisen.
  - Ein Abschnitt sollte nicht mehr Textumfang aufweisen als ein übergeordnetes Kapitel.

Konsequenzen der EU-Osterweiterung auf Wertschöpfungsaktivitäten deutscher Unternehmen

1.	Einleitung	
2.	Primäre Wertschöpfungsaktivitäten	**15 Seiten**
	2.1 Forschung und Entwicklung	1 Seite
	2.2 Produktion	1 Seite
	2.3 Logistik	*12 Seiten*
	2.4 Marketing	1 Seite
	2.5 After Sales	1 Seite
3.	Sekundäre Wertschöpfungsaktivitäten	**4 Seiten**
	3.1 Finanzen	2 Seiten
	3.2 Personal	2 Seiten
4.	Fazit und Schluss	

Bei den oben genannten beiden Faustregeln handelt es sich – entgegen der häufigen Annahme – nicht um vordergründige, rein formale akademischen Schikanen. Vielmehr lässt eine derartige Ungleichgewichtung unmittelbar darauf schließen, dass **Gliederung und Thema nicht miteinander harmonieren.** Im obigen Fall liegt laut Gliederung der Schwerpunkt der Arbeit offensichtlich auf der primären Wertschöpfungsaktivität »Logistik«, da dieser Abschnitt nicht nur 4/5 des Kapitels 2 bestreitet, sondern obendrein dreimal so umfangreich ausgearbeitet ist wie das gesamte Kapitel 3. Überlegen Sie sich, wie bei diesem Schwerpunkt das zugehörige Thema anders gestellt bzw. formuliert werden müsste!

- **Eine Gliederung ist verantwortlich für die Logik der hierarchischen Ebenen, auf denen sich die einzelnen Inhalte gemäß ihrer Stellung in der Arbeit befinden müssen.** Hierzu folgendes Beispiel: Werbung ist in der betriebswirtschaftlichen Literatur ein Instrument der Kommunikation, und diese ist eine Säule des so genannten Marketing-Mixes. Folglich wären beide der folgenden Gliederungen grob falsch, da sie die Inhalte kategorial falsch zueinander in Beziehung setzen:

3 Marketing-Mix
3.1 Kommunikation
3.2 Werbung

Werbung ist *Teil* der Kommunikation, *nicht gleichrangig*.

3 Marketing-Mix
3.1 ....
3.2 ....
4 Kommunikation
4.1 Werbung
4.2 ....

Analog: Kommunikation ist *Teil* des Marketing-Mixes und *nicht gleichrangig*.

- **Eine Gliederung ist nach Möglichkeit »ergebnis- bzw. inhaltsneutral«, d. h. teilgebietsorientiert und weder Fragenkatalog noch Liste von Kurzantworten zum Thema.** Es gilt nicht als guter Stil und mithin als unüblich, Kapitelüberschriften in der Art und Weise von Projektpräsentationen als so genannte Action-Titles zu formulieren, wie etwa:

3 Klassische Werbung hat ausgedient
3.1 TV: Der Konsument will nicht mehr fernsehen
3.2 Radio – zu viel Konkurrenz
3.3 Anzeigen: Wer liest heute noch Zeitung?
4 In Zukunft nur noch Guerilla-Marketing
4.1 Noch mehr Gratis-SMS
4.2 Virales Marketing längst nicht ausgeschöpft
4.3 Zielgruppe 45+ noch erreichbar?

Wie schon bei der Themenformulierung angesprochen, geht es in erster Linie darum, auf die einzelnen Kapitel bzw. Abschnitte keinen unnötigen Beweisdruck zu legen.

- **So wie Gliederung und Thema einander nicht widersprechen dürfen, so sollte auch die Untergliederung eines Kapitels der Kapitelüberschrift Rechnung tragen.**

Unterstützung oder tödliche Hilfe

Der vielleicht größte **Widerspruch**, dem man sich als Autorin/Autor einer wissenschaftlichen Arbeit, die als Prüfung unter wissenschaftlicher Betreuung entsteht, ausgesetzt sieht, resultiert aus eben dieser wissenschaftlichen Betreuung. Wissenschaftliches Arbeiten bedeutet, mindestens ab der Stufe Bachelorarbeit, das *selbstständige* Erstellen einer *freien* wissenschaftlichen Arbeit. Der Betreuer verlangt ergo eine eigenständige Strukturierung, der Studierende aber erwartet andererseits Unterstützung durch den Betreuer. Und wo der Betreuer sich aus didaktischen Gründen zurückhält, sieht er sich in der allseits grassierenden Feedbackhysterie und dem Tanz um das goldene Kalb der Evaluation der Lehre unter Umständen schon mal dem Vorwurf einer mangelnden Betreuungsleistung ausgesetzt. Ob berechtigt oder nicht, sei zunächst dahingestellt.

»Tödliche Hilfe« ist häufig das Resultat. Der Betreuer zieht (ohne böse Absicht) das Verfahren an sich und strukturiert das Thema vor bzw. durch. Oft erscheint zu Beginn des Prozesses diese Vorgehensweise sogar für beiden Seiten effizienter, da der Betreuer mehr Erfahrung hat und der Kandidat auf die Art Zeit gewinnt, das Thema »im eigentlichen Sinne« zu bearbeiten.

Aber, Vorsicht: Delegieren Sie *Ihr* Problem der Entwicklung einer Gliederung nicht an die betreuende Instanz zurück! Sie tun sich damit in der Regel keinen Gefallen. In vielen Fällen erhalten Sie dabei eine Logik, die

- nicht oder bestenfalls nur in Teilen mit Ihrem persönlichen Denkstil bzw. Ihrer Herangehensweise harmoniert;
- nicht Ihrer, im Vergleich zum Betreuer eingeschränkten Quellenlage entspricht und mit dem Ihnen zur Verfügung stehenden Material nicht oder nur unbefriedigend bearbeitbar ist;
- die von Ihnen noch lose angedachte Schwerpunktsetzung nicht berücksichtigt oder blockiert;
- Ihnen die Bearbeitung (zusätzlicher) thematischer Bestandteile abverlangen wird, die Sie nicht vorgesehen hatten bzw. tunlichst umgehen wollten;
- für Sie wie Gesetzestafeln vom Himmel gefallen und »in Stein gemeißelt« ist und die im Folgenden einen Großteil Ihrer kreativen Energie auf die wenig produktive Fragen verengt: »Was will der Betreuer sehen?«, »Mit welchen Inhalten muss ich diese Gliederung auffüllen?«

Deshalb: Bleiben Sie unbedingt Herr des Verfahrens! Gehen Sie niemals unvorbereitet in ein Betreuungsgespräch in der Hoffnung, das gemeinsame Gespräch mit Ihrem Betreuer würde den Nebel schon lichten. Erarbeiten Sie für sich im Vorfeld

- zwei bis drei **Gliederungsvarianten** und überlegen Sie sich die Vor- und Nachteile sowie die unterschiedlichen daraus resultierenden Ausrichtungen und Schwerpunkte;
- zusätzliche Erläuterungen und **Hintergrundinformationen**, die z. B. auch darüber Auskunft geben, wie Sie den gegenwärtigen Zusammenhang zwischen der Gliederung, dem Thema und der Problemstellung und Zielsetzung sehen (siehe nächstes Kapitel);
- Argumentationslinien für eine entsprechende **»Einwandbehandlung«**, um sich nicht beim ersten Gegenwind vom Betreuer vom Kurs abbringen zu lassen;
- Spielräume für eventuell erforderliche Kompromisse oder inhaltliche Zugeständnisse quasi als Ihre persönliche **»Verhandlungsmasse«**.

Denn Einmischung in Ihr wissenschaftliches Arbeiten werden Sie im Verlauf des Prozesses ohnehin noch genug erfahren; durch die Literatur, eventuell Wünsche und Forderungen seitens Ihres zukünftigen Arbeitgebers oder anderer externer Projektpartner bzw. Interessenten oder durch Ihren wissenschaftlichen Betreuer.

Mustergliederung als Einstiegshilfe

Nachfolgend finden Sie eine bewährte Mustergliederung, die zwar in den Augen vieler wissenschaftlichen Betreuer nicht gerade durch Kreativität besticht, sich aber im Prinzip auf jedes beliebige Thema anwenden lässt und so eine sinnvolle erste Hilfestellung bietet. Im vorliegenden Fall sollte dabei die zu beachtende korrekte Gewichtung der Hauptkapitel 1-2-3 in etwa in der Größenordnung 1 : 6 : 1 liegen.

1 Einleitung
- 1.1 Problemstellung
- 1.2 Zielsetzung
- 1.3 Vorgehensweise
- 1.4 Begriffsabgrenzung

2 Hauptteil (Thema der Arbeit)
- 2.1 (Theoretischer) Bezugsrahmen
- 2.2 Aspekt 1 des Themas
  - 2.2.1 ....
  - 2.2.2 ....
  - 2.2.3 Zusammenfassung/Zwischenfazit
- 2.3 Aspekte 2 des Themas
  - 2.3.1 ....
  - 2.3.2 ....
  - 2.3.3 Zusammenfassung/Zwischenfazit
- 2.4 Exkurs
- 2.5 Aspekt 3 etc./Schlussfolgerungen/Synthese

3 Schluss
- 3.1 Zusammenfassung
- 3.2 Fazit und weiterführende Fragen

Arbeitsblatt »Meine Gliederung«

1. Notieren Sie nachfolgend Ihr (Arbeits-)Thema

Thema:

Untertitel:

2. Zerlegen Sie nun das Thema in seine Bestandteile, nehmen Sie die ggf. bereits geplante Zielsetzung gedanklich hinzu und erarbeiten Sie hieraus die Ihrer Ansicht nach wichtigsten Gliederungspunkte Ihrer Arbeit. Welche Aspekte des Themas sollten in jedem Fall bearbeitet werden?

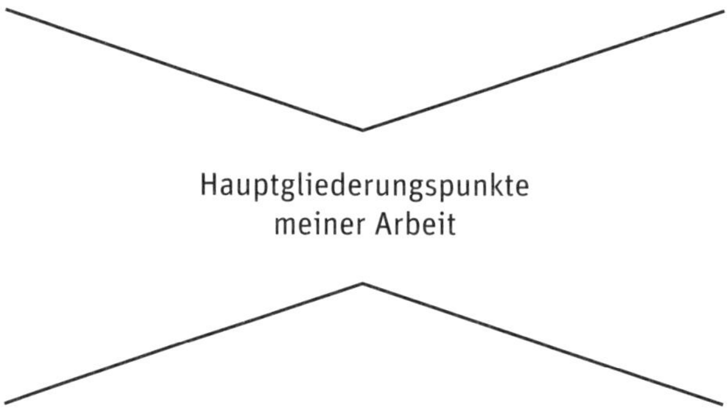

Problemstellung und Zielsetzung

Die geschickte und themenadäquate Formulierung von Problemstellung und Zielsetzung werden in ihrer Bedeutung häufig unterschätzt. Um dies zu vermeiden, ist es sinnvoll, sich als Erstes klarzumachen, dass Problemstellung und Zielsetzung neben der Themenformulierung die wichtigsten so genannten »internen« Bewertungskriterien darstellen. Gemeint ist damit, dass es sich um Kriterien handelt, auf die Sie als Autorin bzw. Autor einer wissenschaftlichen Arbeit aktiv Einfluss nehmen können. **Sie entscheiden** maßgeblich, an welchen Zielen sich die Arbeit letztlich messen lassen soll! Im Detail sollten die Problemstellung und die Zielsetzung die folgenden Detailaspekte berücksichtigen, die in Abbildung 3 und 4 dargestellt werden.

Sinn und Zweck einer Problemstellung

- **Die Problemstellung legitimiert die Arbeit.** Mit anderen Worten: Sie klärt die Frage, was Sie als Autorin/Autor dazu berechtigt, die Welt mit einem weiteren Stapel bedruckten Papiers zu beglücken. Die Legitimation kann sich dabei aus folgenden Begründungen ableiten:
  - Es besteht ein konkreter Bedarf in der unternehmerischen, wirtschaftlichen, sozialen oder allgemein gesellschaftlichen Praxis nach einer bestimmten Problemlösung. Beispiel: »Juristische Aspekte des Warenkaufes auf elektronischen Marktplätzen, dargestellt am Beispiel eBay«.
  - Es liegt in der Wissenschaft eine so genannte Erkenntnislücke vor. Dies kann seine Gründe entweder in der Tatsache haben, dass das Themengebiet in der Tat noch sehr jung und erst skizzenhaft abgesteckt ist und bislang eher am Rande behandelt worden ist oder dass sich die bis dato angewandten Analysemethoden oder theoretischen Zugänge als wenig fruchtbar erwiesen haben. Dann gilt es, die »Lücke in der Forschungsfront« zu schließen, wie man sich in akademischen Zirkeln auszudrücken pflegt.

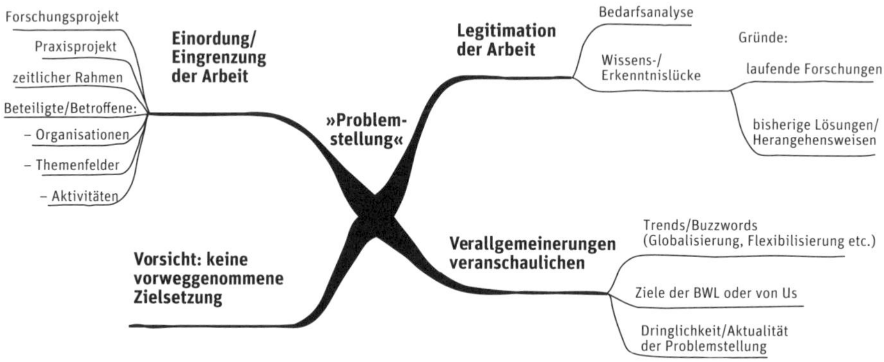

Abbildung 3

- **Die Problemstellung leistet eine Eingrenzung des Problemkreises und führt auf die Zielsetzung hin.** Sie hat ferner die Aufgabe, mit Blick auf ein besseres Vorverständnis den Leser mit der Ausgangslage vertraut zu machen. Hierzu zählt im Einzelnen die Einordnung der eigenen Arbeit in einen übergeordneten Forschungskontext (siehe Elefantenwitz) oder in ein Praxisprojekt, die Angabe des zeitlichen Rahmens, in dem diese übergeordneten wissenschaftlichen Arbeiten stattfinden, betroffene und im Weiteren beteiligte Personen, Abteilungen, Organisation sowie angrenzende Themenfelder.

Problemstellung als Weichenstellung und Bewertungskriterium

Letzten Endes besteht die Kunst darin, (halbwegs) glaubhaft zu vermitteln, dass man das Thema nicht nur aus persönlicher Neigung heraus gewählt hat, sondern dass es für einen größeren Leserkreis von wissenschaftlichem und/oder praktischem Interesse ist, weil es in dieser Form noch nicht bearbeitet wurde.

Mit den Augen des Lesers gesehen, allen voran des betreuenden und prüfenden Lesers, kommt die Qualität der Problemstellung als Bewertungskriterium dabei zweimal ins Spiel:

1. Im Lesefluss mit den Fragen: Ist die Problemstellung klar und verständlich formuliert? Ist sie relevant, d. h., ist das Problem bearbeitungswürdig? Passt die Problemstellung zur Themenformulierung?

2. Nach der Lektüre der Arbeit: Ging die Arbeit exakt auf die *gewählte* Problemstellung ein? Und lieferte sie eine dazu passende Antwort?

Tipp:
Gehen Sie auf der Suche nach Ihrer Problemstellung stets nach dem Motto vor: Wie lautet die Frage, auf die meine Arbeit eine Antwort geben möchte?

Textbeispiel zur Problemstellung

Hierzu ein abschließendes Beispiel, das zugleich die logische, aber häufig problematische Verknüpfung zwischen Problemstellung und Zielsetzung illustriert.

Ein Kandidat wählt folgendes Thema:

Entwicklung einer Franchise-Strategie für den US-amerikanischen Markt für die XY-Firma

Die Problemstellung, so der Kandidat, bestünde darin, dass die Firma gegenwärtig nicht über eine solche Strategie verfüge. Das ist keine ausreichende Problemstellung? Die Frage muss zunächst lauten: Warum meint die Firma, eine Franchise-Strategie zu benötigen?

Im Gespräch mit dem wissenschaftlichen Betreuer stellte sich heraus, dass die betreffende Firma

- seit längerem in den USA aktiv ist, aber gemessen an der Qualität und dem Preis-Leistungs-Verhältnis ihrer Produkte **mit ihrer dortigen Marktpräsenz nicht zufrieden** ist, einerseits im Vergleich zur US-amerikanischen Konkurrenz und andererseits im Vergleich zu ihrer Wettbewerbsposition auf ausländischen Märkten;
- zunehmend spürt, dass ihre gegenwärtige Bearbeitung des Marktes über reinen *Export* **der Hauptgrund dafür sein könnte**, dass es ihr nicht gelingt, dort besser Fuß zu fassen und die Verkaufszahlen signifikant zu steigern;
- eine intensivere, direktere Bearbeitung des Marktes durch **eigene Niederlassungen vor Ort aus Kostengründen für sich ausschließen** musste. Eine solche Ausweitung über eine eigene Tochtergesellschaft mit Büros,

Ausstattung und entsprechendem Personal vor Ort würde ihre Finanzkraft übersteigen.

Hieraus lässt sich nun eine zureichende Problemstellung formulieren: Die Firma sucht offensichtlich nach einer **Marktbearbeitungsstrategie, die ihr einen direkteren und nachhaltigeren Kontakt ermöglicht (als der reine Export) und die dennoch nicht kapitalintensiv ist.** Franchising könnte in dieser Situation die geeignete Strategie sein, das Problem zu lösen.

Arbeitsblatt »Meine Problemstellung«

1. Notieren Sie nachfolgend Ihr (Arbeits-)Thema

Thema:

Untertitel:

2. Zerlegen Sie nun das Thema in seine Bestandteile, nehmen Sie die ggf. bereits geplante Zielsetzung gedanklich hinzu und erarbeiten Sie hieraus mögliche Aspekte, aus denen sich eine Problemstellung gewinnen lässt.

Wie lautet die Frage,
auf die meine Arbeit eine Antwort geben möchte?

Aufgaben und Bestandteile einer Zielsetzung

Das Beispiel Franchise-Strategie hat bereits einen ersten Eindruck von der Schwierigkeit vermittelt, Problemstellung und Zielsetzung sauber voneinander abzugrenzen. Im Detail zeichnet sich eine gelungene Zielsetzung durch folgende Merkmale aus:

Die Zielsetzung leitet sich aus der Problemstellung logisch ab. Sie ist aber nicht einfach die tautologische Umformung der Problemstellung, nach dem Motto:

Problemstellung: Firma X hat keine Corporate Identity
Zielsetzung: Erarbeitung einer Corporate Identity

Die Zielsetzung ist ein klar formuliertes Versprechen an den Leser. Sie klärt, welchen Nutzen Sie demjenigen, der sich der Lektüre widmen möchte, stiften werden. Hierbei kann der Nutzen sein:

- terminologisch: Klärung neuer, vager oder im Fach strittiger Begriffe;
- analytisch: Klärung und Spezifikation bislang nicht näher präzisierter Fragestellungen und Problemkreise, um weitere Untersuchungsrichtungen festzulegen;
- synoptisch: eine vergleichende und bewertende Darstellung von in Literatur und Praxis bislang nur verstreut anzutreffenden Theorien, Konzepten, Modellen etc.;
- synthetisch: Erarbeitung einer neuen theoretischen Konzeption, eines Modells o. Ä. bzw. einer konkreten praktischen Problemlösung etwa in Form eines Konzeptes, Handbuches, Leitfadens oder Programms.

Die Zielsetzung grenzt inhaltlich und thematisch ab. So klar und deutlich Sie formulieren sollten, was Sie in Ihrer Arbeit zu behandeln gedenken, so klar sollten Sie auch darüber Auskunft geben, was **NICHT Gegenstand Ihrer Betrachtungen** sein wird. Dies ist eine entscheidende Weichenstellung, da eine klare Ausgrenzung von inhaltlichen (Neben-)Aspekten, sofern sie thematisch legitim ist, Ihre Arbeit vor dem **Vorwurf der Unvollständigkeit** schützen kann. Natürlich wäre es nicht akzeptabel, in der Zielsetzung einer Arbeit über den »Beruflichen Alltag der Mitglieder der Bundesregierung« die typischen Aktivitäten und Verpflichtungen der Bundeskanzlerin auszuklammern.

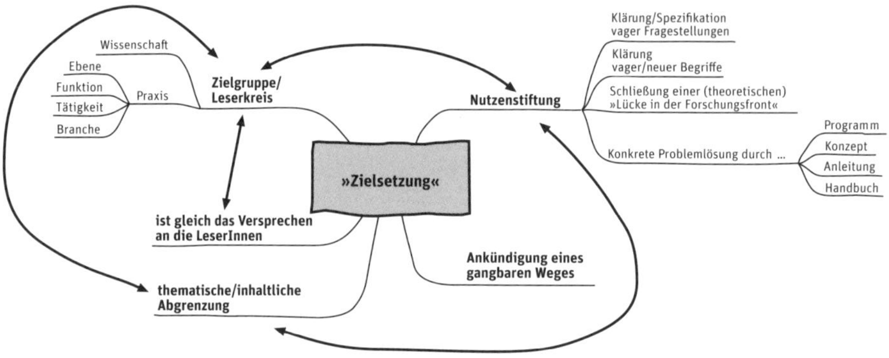

Abbildung 4

Die Zielsetzung hilft, das Zielpublikum näher zu bestimmen. Wären Sie beim Stöbern im Buchladen nicht auch schon des Öfteren dankbar gewesen um einen Hinweis »Dieses Buch richtet sich an ...«, um vor einem Fehlkauf bewahrt zu werden? Je freier Sie die Zielgruppe Ihrer Arbeit wählen können, desto genauer sollten Sie sie bestimmen. Sie steuern damit in entscheidendem Maße nicht nur die Erwartungshaltung des Lesers, sondern auch die Anforderungen, die die betreuende Instanz an den Text stellt. Wenn Sie z. B. eine Arbeit explizit für Spezialisten von Java-Programmierungen schreiben, darf es Ihnen eigentlich nicht zum Vorwurf gereichen, wenn Sie im Text die entsprechenden Grundlagen voraussetzen.

Zielsetzung als Weichenstellung und Bewertungskriterium

Die Qualität der Zielsetzung ist ein entscheidendes Bewertungskriterium. Hierbei gilt für die Zielsetzung das Gleiche wie für die Problemstellung. Mit den Augen des Lesers gesehen, allen voran mit denen der betreuenden und prüfenden Instanz, kommt die Qualität der Zielsetzung als Bewertungskriterium dabei zweimal ins Spiel:

1. Im Lesefluss mit den Fragen: Ist die Zielsetzung klar und verständlich formuliert? Ist sie relevant, d. h., ist es ein bearbeitungswürdiges Ziel, das von wissenschaftlichem und/oder praktischem Interesse ist? Passt die Zielsetzung zur Problemstellung und zur Themenformulierung?
2. Nach der Lektüre der Arbeit: Bearbeitete die Arbeit exakt die *gewählte* Zielsetzung, konnte der Text das gegebene Versprechen einlösen?

Tipp: Separate Abschnitte.
Um Problemstellung und Zielsetzung gedanklich und textlich in der Arbeit den Rang einzuräumen, der ihnen zusteht, und um das eine vom anderen sauber zu unterscheiden, empfiehlt es sich, in der Einleitung beide als separate Gliederungspunkte zu bearbeiten.

1 Einleitung
 1.1 Problemstellung
 1.2 Zielsetzung

Eine solche Trennung zwingt Sie, wirklich beides zu formulieren, denn wo »Zielsetzung« draufsteht, muss auch Zielsetzung drin sein!

Übung zu Problemstellung und Zielsetzung

Nachfolgend finden Sie als Übungsbeispiel zur Formulierung von Problemstellung und Zielsetzung einen Auszug aus einer Bachelorarbeit. Lesen Sie sich den gesamten Auszug durch und beurteilen Sie anhand der oben genannten Bewertungskriterien die Qualität dieses Abschnittes. Machen Sie hierzu auf dem angefügten Arbeitsblatt Ihre entsprechenden Bewertungsnotizen. Lesen Sie anschließend den zugehörigen Auszug aus dem Gutachten, das seinerzeit für die Arbeit erstellt wurde, und vergleichen Sie die Bewertung mit Ihrer eigenen Einschätzung.

Bachelorarbeit mit dem Thema
KUNDENZUFRIEDENHEIT

1. Einleitung

1.1 Problemstellung und Zielsetzung

»Das Einzige was zählt, ist der Kunde!« Diese Aussage ist seit den neunziger Jahren immer wieder zu hören. Der stärker werdende Wettbewerb ruft ein steigendes Anspruchsdenken der Kunden hervor. Produkte werden austauschbar.

Daher müssen Unternehmen zur Bewältigung der gestiegenen Anforderungen dauerhafte Geschäftsbeziehungen zu ihren Kunden aufbauen. Nur dauerhafte Geschäftsbeziehungen bilden die Grundlage für wirtschaftlichen Erfolg und langfristiges Wachstum. In diesem Zusammenhang spricht man von Kundenbeziehungsmanagement.

Der Schlüssel zum Aufbau eines stabilen Kundenstamms sind zufriedene Kunden. Unternehmen, denen es gelingt, ihr Leistungsspektrum genau den Vorstellungen und Erwartungen der Kunden anzupassen oder diese gar zu übertreffen, erzeugen Zufriedenheit oder sogar Begeisterung und legen somit den Grundstein für zukünftige Geschäfte. Zufriedene Kunden kommen nicht nur wieder, sie entwickeln zusätzliche Bedürfnisse gegenüber dem Unternehmen und berichten Freunden und Bekannten von ihren positiven Erfahrungen.

Es ist die Aufgabe eines modernen Unternehmens, nachhaltige Kundenzufriedenheit zu erzielen. Kundenzufriedenheit ist heute eine »conditio sine qua non«. In den meisten Unternehmen wurde das bereits erkannt. Kundenorientierung und Kundenzufriedenheit liegen aber oft nur in der Verantwortung des Marketings und des Verkaufs. Es ist notwendig, Kundenorientierung und Kundenzufriedenheit auf alle Bereiche des Unternehmens zu beziehen.

Einige Unternehmen haben dies bereits erkannt und investieren vermehrt in Qualitätsmanagementsysteme. Durch Total Quality Management oder DIN ISO 9000 ff. werden Abläufe und Prozesse optimiert, Mitarbeiter geschult, und das Ziel der Kundenzufriedenheit wird kommuniziert. Dies alles ist zwar notwendig, aber nicht hinreichend. Um Nachhaltigkeit zu erreichen, muss überprüft werden, ob sich Kundenzufriedenheit durch diese Maßnahmen einstellt. Falls das nicht der Fall sein sollte, ist zu überlegen, wie die Kundenzufriedenheit gesteigert werden kann. Grundsätzlich ist zu sagen, dass die Arbeit an der Kundenzufriedenheit einen permanenten Prozess aller Unternehmensbereiche darstellt.

1.2 Aufbau der Arbeit

...

Übungsblatt zu Problemstellung und Zielsetzung

Am Beispiel der Arbeit »Kundenzufriedenheit«

Meine persönliche Bewertung

Was gefällt mir gut?

Was gefällt mir nicht?

Was würde ich anders machen?

Hierzu nun zum Vergleich der entsprechende Auszug aus dem Gutachten:

Der Abschnitt »Problemstellung und Zielsetzung« leitet nur oberflächlich in das Thema. Der Versuch, die Relevanz der Fragestellung stichhaltig zu belegen, gelingt nicht, da die Passage über die Aneinanderreihung von Gemeinplätzen nicht hinausreicht. Ferner versäumt der Abschnitt die Formulierung einer Zielsetzung. Die Arbeit hat streng genommen keine Zielsetzung. Der Leser weiß nur anhand des Themas, dass er – in welcher Form auch immer – mit Informationen zur »Kundenzufriedenheit« versorgt werden wird.

Arbeitsblatt »Meine Zielsetzung«

1. Notieren Sie nachfolgend Ihr (Arbeits-)Thema

Thema:

Untertitel:

2. Notieren Sie in der Spalte stichpunktartig die zugehörige Zielsetzung und vergleichen Sie sie mit Ihrer Problemstellung.
   Prüfen Sie sie insbesondere auf Redundanzen, Widersprüche und Lücken, vor allem auch im Vergleich zwischen Problemstellung und Themenformulierung.

Problemstellung	Zielsetzung

Vorgehensweise

Spätestens ab der Stufe Bachelorarbeit wird erwartet, dass nach den Abschnitten »Problemstellung« und »Zielsetzung« eine Beschreibung der gewählten Vorgehensweise folgt. Dies wird in seltenen Fällen auch schon in Seminararbeiten erwartet. Als entsprechende Qualitätskriterien zur Bewertung der Vorgehensbeschreibung gelten dabei:

- **Adäquater Umfang.** Als Faustregel gilt hier: Sie sollte in etwa ein Prozent des Gesamtumfangs der Arbeit einnehmen. Erfahrungsgemäß kommen Seminararbeiten mit einer halben Seite, Bachelor- und Masterarbeiten mit ca. einer Seite und Doktorarbeiten mit zwei bis drei Seiten Vorgehensbeschreibung aus. Sollte der Entwurf Ihrer Vorgehensbeschreibung deutlich länger geraten sein, prüfen Sie am besten auch anhand der nachfolgenden Qualitätskriterien die Möglichkeit, sie zu kürzen.
- **Verdeutlichung des roten Fadens.** Eine gut geschriebene Vorgehensweise leistet weit mehr als nur die bloße Wiederholung der Gliederung in Textform. Sie erklärt, warum die Arbeit gerade so und nicht anders strukturiert ist. Sie schafft mit anderen Worten ein Verständnis für die logische Abfolge der einzelnen Kapitel, indem sie erläutert, wie die Kapitel aufeinander aufbauen, wie das eine das andere inhaltlich voraussetzt und indem sie auf Übergänge und Zusammenhänge hinweist.
- **Darstellung nach Kapiteln.** Als Faustregel gilt, dass die Darstellung streng in der Reihenfolge der in der Gliederung definierten Kapitel erstellt wird.
- **Gleichgewichtige Vorstellungen der einzelnen Kapitel.** Legen Sie für alle Kapitel einheitlich fest, ob nur das Kapitel insgesamt angesprochen werden oder ob die Vorgehensweise auch im Detail auf die jeweils nächste Gliederungsebene eingehen soll. Wenn Sie sich dazu entschieden haben, auch dezidiert auf die logische Abfolge der Abschnitte (2.1, 2.2, 2.3 etc.) einzugehen, sollte dies konsequent für alle Kapitel durchgehalten werden.

- **Kapitelnummerierungen aus der Gliederung mit angeben.** Denken Sie daran: Die Beschreibung der Vorgehensweise dient der raschen Orientierung des Lesers. Aus diesem Grund ist es empfehlenswert, bei der Vorstellung der einzelnen Inhaltspunkte die jeweiligen Kapitel- bzw. Abschnittsnummern mit anzugeben, wie etwa: »Abschnitt 2.1 führt ein in ...«, »während 3.2 die konzeptionellen Grundlagen legt für ...«, »beschäftigt sich Abschnitt 3.3 schwerpunktmäßig mit ...« usw.
- **Keine Ergebnisse vorwegnehmen.** Formulieren Sie nach Inhaltspunkten bzw. Themenaspekten und vermeiden Sie die Vorwegnahme von Ergebnissen. Die Gefahr, in der Kürze der Darstellung logische Brüche und Verkürzungen sowie nicht nachvollziehbare Überlegungen zu erzeugen, ist relativ hoch. Der Versuch, dieses Problem zu vermeiden, führt andererseits häufig zu dem Versuch, die Vorgehensweise über den zulässigen Umfang hinaus auszudehnen. Zusätzlich ist hier die Gefahr der Redundanz zum eigentlichen Text der Arbeit verborgen. Verschießen Sie Ihre Munition nicht zu früh!
- **Transparenz über Empirie und Fallstudien.** So wenig es bei theoretischen Arbeiten üblich und erforderlich ist anzugeben, dass sich die Arbeit vorrangig auf diese oder jene Literatur, Denkschule oder Ähnliches stützt, so zwingend ist die Angabe der Eckdaten im Falle eines empirischen Vorgehens. Abbildung 5 gibt hierzu unter dem Punkt »Empirie« entsprechend Auskunft. Wann immer Ihre Arbeit sich auf empirische Daten stützt, die Sie erhoben haben, egal ob aus Interviews, Beobachtungen, Befragungen oder Dokumentenanalysen, müssen Sie Umfang, Dauer, Zeitraum, Stichprobenwahl und -größe, Rücklaufquote u. Ä. zumindest in den wichtigsten Zügen in der Vorgehensbeschreibung ausweisen. Gleiches gilt für Fallstudien, die Sie zusammengestellt und analysiert haben.

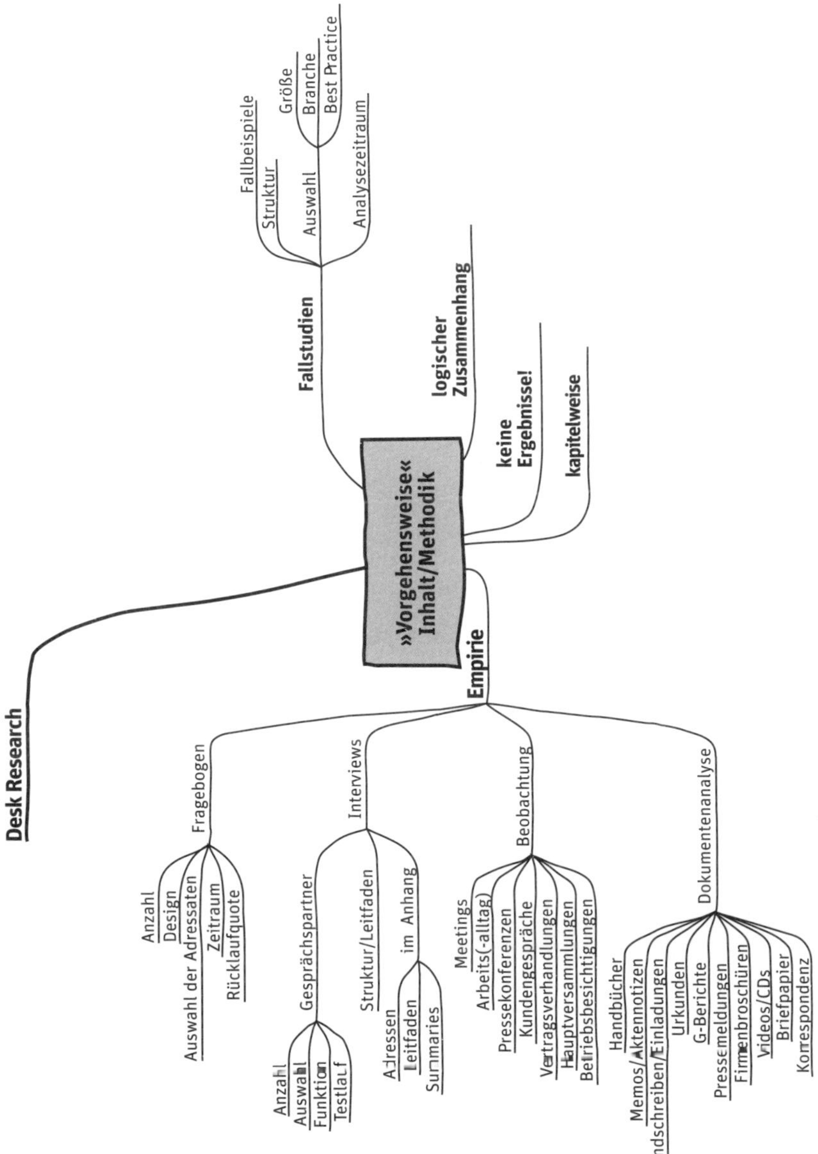
»Vorgehensweise« Inhalt/Methodik
Desk Research
Fallstudien
Fallbeispiele
Struktur
Auswahl
Größe
Branche
Best Practice
Analysezeitraum
logischer Zusammenhang
keine Ergebnisse!
kapitelweise
Empirie
Fragebogen
Anzahl
Design
Auswahl der Adressaten
Zeitraum
Rücklaufquote
Interviews
Gesprächspartner
Anzahl
Auswahl
Funktion
Testlauf
Struktur/Leitfaden
im Anhang
Adressen
Leitfaden
Summaries
Beobachtung
Meetings
Arbeits(-alltag)
Pressekonferenzen
Kundengespräche
Vertragsverhandlungen
Hauptversammlungen
Betriebsbesichtigungen
Dokumentenanalyse
Handbücher
Memos/Aktennotizen
Rundschreiben/Einladungen
Urkunden
G-Berichte
Pressemeldungen
Firmenbroschüren
Videos/CDs
Briefpapier
Korrespondenz

Abbildung 5

Begriffsabgrenzungen

Nach der Darstellung der Vorgehensweise begeben wir uns mit den beiden Stolpersteinen »Begriffe« und »Bezugsrahmen« erstmals in die eigentliche Substanz der Arbeit hinein.

Wir wechseln, bildlich gesprochen, vom Rahmen und den Nägeln, mit denen Sie Ihr Gemälde nun gut sichtbar an der Wand aufgehängt und hoffentlich gerade ausgerichtet haben, in das Bild hinein. Genauer gesagt auf die zugrunde liegende Leinwand. Begriffe und Bezugsrahmen bilden das wissenschaftliche Fundament, auf dem Sie Ihre Arbeit errichten.

»Am Anfang war das Wort«, wie es so schön heißt. Beginnen wir also mit Tipps und Tricks zur Handhabung der notwendigen Terminologie.

Identifikation relevanter Begriffe

Sprache ist bekanntlich die Grundlage unserer Existenz als soziale und gesellschaftliche Wesen. Wissenschaft ist, vom Mythos des einsamen Genies einmal abgesehen, eine soziale, mithin eine kommunikative Veranstaltung. Begriffe bilden dabei die Grundlage der *Fachsprache* als Voraussetzung für eine Verständigung zwischen Wissenschaftlern – zumindest *innerhalb* eines Faches – sowie für einen praktikablen Austausch mit der jeweiligen gesellschaftlichen Praxis, z. B. der Wirtschaft.

Folglich wird bereits ab der Ebene der Seminararbeit zwingend vorausgesetzt, dass eine Auseinandersetzung mit dem für die eigene wissenschaftliche Arbeit *relevanten* Ausschnitt aus der *Fach***terminologie** stattfindet.

Aber was ist jeweils *relevant?*

Der strukturierte und differenzierte Umgang mit zentralen Begrifflichkeiten stellt die Autorin/den Autor einer wissenschaftlichen Arbeit zu Beginn meist vor folgende typische Herausforderungen:

- Erfassen der zentralen Begrifflichkeiten

- Entdecken begrifflicher Zusammenhänge und Hierarchien. Dabei sollte die so genannte »Lexikonfalle« gemieden werden: einmal hineingeraten, wird man von Begriff zu Begriff endlos weitergereicht.
- Korrelation zwischen Bedeutung des Begriffes und Bearbeitungsumfang in der Studien-/Bachelorarbeit
- Korrekte Platzierung der Begriffsabgrenzung in der Arbeit
- Wissenschaftlicher »Tiefgang« der Begriffsabgrenzung

Um diese Herausforderungen zu bewältigen, hilft es in einem ersten Schritt, einen Blick auf die zwei nachfolgenden exemplarischen Mindmaps zu werfen:

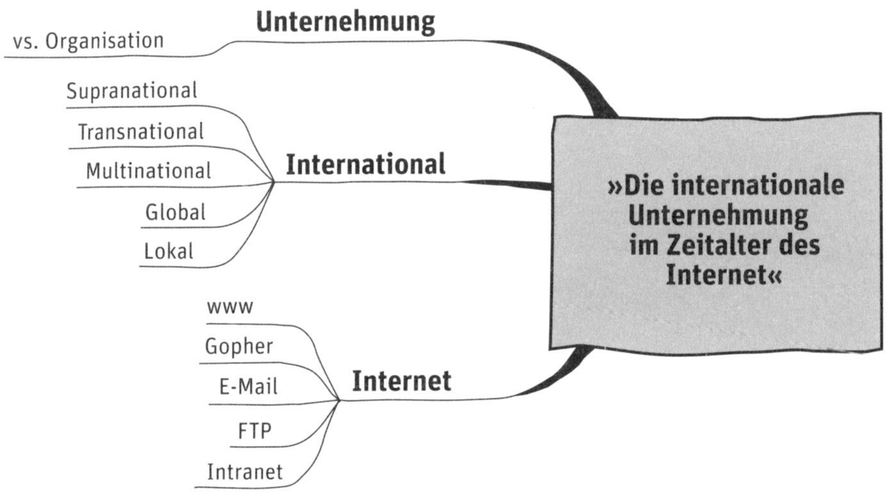

Abbildung 6

Sowohl die Identifikation wie auch die Klärung begrifflicher Hierarchien und Zusammenhänge erfolgen dabei stets über die Themenformulierung als Ausgangspunkt. Anders gesagt: Relevant sind mindestens alle Fachtermini, die im Thema *wörtlich* vorkommen. Durch die Zerlegung des Themas in seine Einzelbestandteile lassen sich so in einem ersten Schritt die relevanten, d. h. für die Arbeit zentralen Termini identifizieren.

Das Problem dabei ist, dass man oft nicht umhin kommt, sich hierbei verschiedener Synonyma zu bedienen, sprich einen Begriff durch einen oder mehrere andere Begriffe zu erklären. Um hier nicht in der Lexikonfalle hängen zu bleiben, empfiehlt es sich in der Regel, sofern immer noch Erklärungsbedarf besteht, spätestens nach einer weiteren Ebene von verwandten Begriffen abzubrechen.

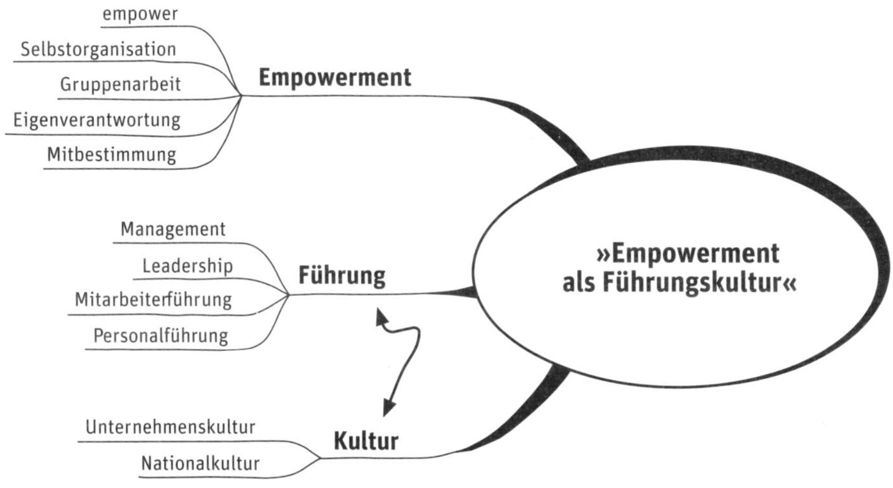

Abbildung 7

Tipp 1:
Frühzeitige Begriffsanalyse erleichtert die Literaturrecherche. Beginnen Sie möglichst frühzeitig während des Schreibens Ihrer wissenschaftlichen Arbeit mit der Identifikation und Klärung der zentralen Begriffe und sammeln Sie dabei so viele Synonyma und fremdsprachliche Entsprechungen wie möglich. Sie alle können Ihnen bei der Literaturrecherche als alternative Suchbegriffe unter Umständen entscheidend weiterhelfen.

Tipp 2:
Schlagwörter aus der einschlägigen Fachliteratur unterstützen bei der Begriffsklärung. Es gilt nämlich auch der umgekehrte Fall: Die Verwendung von Schlagwörtern, wie Sie sie in akademischen Bibliotheken standardmäßig in der Fachliteratur finden, eröffnet einen umfassenderen Blick auf das Stichwort, das für Sie aufgrund der Themenstellung zentral ist und nach dem Sie gerade recherchieren. Notieren Sie die weiteren Schlagworte, die bei einer Quelle, die Sie recherchiert haben, mit erscheinen und fügen Sie sie ihrer Begriffssammlung bzw. Ihrer Mindmap hinzu.

Das Instrument der Mindmap eignet sich dabei gleichzeitig hervorragend, um sich über begriffliche Hierarchien klar zu werden.

Zentrale Begriffe sollten gesondert, sprich in einem eigenen Abschnitt der Arbeit geklärt werden, z.B. in einem ausgewiesenen Punkt »Begriffsabgrenzung«.

Platzierung von Begriffsabgrenzungen

Grundsätzlich bestehen drei verschiedene Möglichkeiten, die Klärung und Abgrenzung eines oder mehrerer Begriffe in der Arbeit zu platzieren.

1. **Eigener Abschnitt im Kapitel »1 Einleitung«**
2. **»Vor Ort« im Fließtext**
3. **»Vor Ort« im Fußnotenraum bzw. mit Verweis auf ein Glossar**

Die Entscheidung darüber, welche der drei Varianten jeweils zum Einsatz kommen soll, ist abhängig von der Stellung, dem Rang des Begriffs bzw. der Begriffe im Rahmen der Arbeit.

1. **Eigener Abschnitt in Kapitel »1 Einleitung«.** Begriffe, die Bestandteil der Themenformulierung sind, gelten als zentral. Weil davon auszugehen ist, dass sie für die gesamte Arbeit relevant sind, ist ihrer Klärung und Abgrenzung der höchstmögliche Rang einzuräumen, indem ihnen bereits im Kapitel 1 »Einleitung« ein eigenständiger Abschnitt reserviert wird.
2. **»Vor Ort« im Fließtext.** Begriffe, die nicht Bestandteil des Themas sind und erst im Laufe der Arbeit eingeführt werden, werden innerhalb des jeweiligen Abschnitts erläutert und ggf. mit entsprechenden Synonyma versehen.
3. **»Vor Ort« im Fußnotenraum bzw. mit Verweis auf ein Glossar.** Begriffe, die weder Bestandteil der Themenformulierung noch Element einer Kapitel- oder Abschnittsüberschrift sind, also nur für eine bestimmte Textpassage relevant sind, werden, sofern überhaupt notwendig, im Fußnotenraum behandelt. Weist die Arbeit keinen Fußnotenraum auf (siehe Zitierweise im Kapitel Formalia), kann auf den Fließtext oder ein Glossar im Anhang verwiesen werden.

Wissenschaftlicher Tiefgang bei Begriffsabgrenzungen

Niemand würde ernsthaft auf die Idee kommen, die Abgrenzung eines Begriffes etwa der bekannten Boulevardzeitung mit den vier großen Buchstaben zu entnehmen. In ein allgemeines Konversationslexikon würde man dagegen unter Umständen schon einmal einen Blick werfen, und bei einem Fachlexikon gar würde der eine oder andere Kandidat vielleicht sogar zugreifen und daraus das für seine Arbeit gültige Begriffsverständnis ableiten.

Die Frage lautet hier schlicht: Wie weit muss man bei der Definition eines Begriffes (mindestens) gehen, damit er in den strengen Augen der prüfenden Instanz als wissenschaftlich akzeptabel durchgeht?

Folgende zwei Strategien, aus denen sich die Minimalanforderungen für eine wissenschaftlich tragfähige Begriffsabgrenzung ergeben, mögen hierbei helfen:

1. Begründete Auswahl

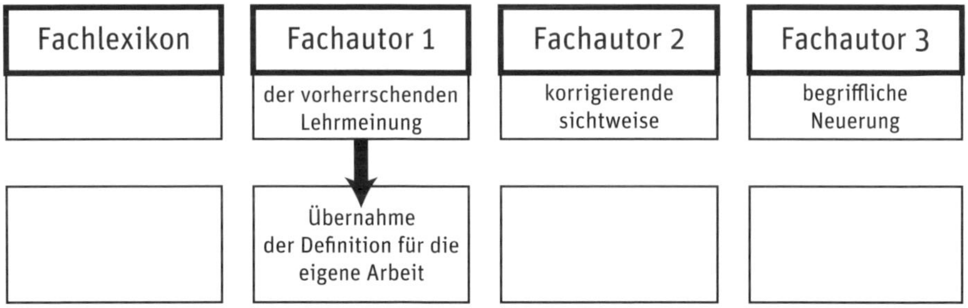

Nach einer vergleichenden Darstellung von mindestens drei qualifizierten Sichtweisen, unter denen sich auch die »vorherrschende Lehrmeinung« befinden sollte, wählen Sie unter Abwägung der Qualität der dort angebotenen Definitionen und mit Blick auf Ihr eigenes Vorhaben eine Sichtweise aus und schließen sich ihr an. Dies ist die Grundstrategie und zugleich die Minimalanforderung.

2. Synopse und Synthese

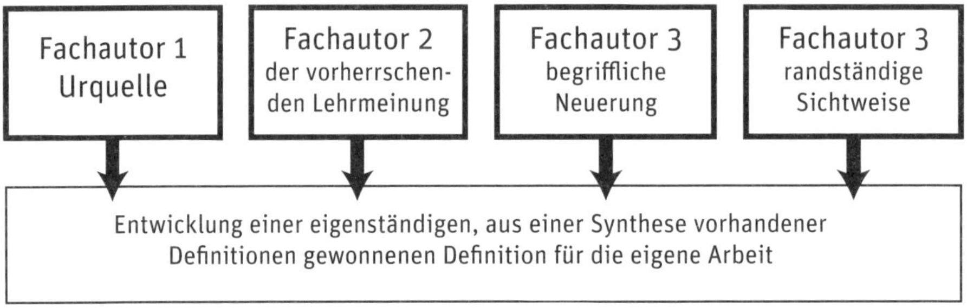

Hier versuchen Sie in einem ersten Schritt durch Sammlung und vergleichende Gegenüberstellung möglichst vieler *nicht identischer* Sichtweisen dem Leser ein möglichst komplexes und umfassendes Bild von der terminologischen Debatte im Fach zu geben. Anschließend entwickeln Sie hieraus für Ihre Arbeit durch Synthese mehrerer vorliegender Definitionen ein neues, umfangreicheres begriffliches Verständnis. Dies ist eindeutig die Strategie für Fortgeschrittene und wird, sofern nachvollziehbar und widerspruchsfrei gelöst, im Zweifel höher eingestuft und damit besser bewertet als die Auswahlstrategie.

Übung zur Begriffsabgrenzung

Nachfolgend finden Sie als Übungsbeispiel den Abschnitt »Begriffsabgrenzung« aus einer Masterarbeit zum Thema »Interkulturelle Kooperation und Kommunikation«. Beurteilen Sie anhand der oben genannten Bewertungskriterien die Qualität dieses Abschnittes und machen Sie hierzu auf dem angefügten Arbeitsblatt Ihre entsprechenden Bewertungsnotizen. Lesen Sie anschließend den zugehörigen Auszug aus dem Gutachten, das seinerzeit für die Masterarbeit erstellt wurde und vergleichen Sie die Bewertung mit Ihrer eigenen Einschätzung.

Auszug aus einer Masterarbeit zum Thema
»Interkulturelle Kooperation und Kommunikation«

1.4 Begriffsabgrenzungen

Kultur

»Kultur« kann als Begriff nicht endgültig festgelegt werden, weil eine Definition je nach ideologischer Ausrichtung des Definierenden oder der wissenschaftlichen Disziplin anders ausfällt (Warthun 1997: 8). Da die kulturvergleichende Managementstudie von HOFSTEDE Basis für diese Arbeit ist (vgl. S. 6 ff.), soll seiner Auffassung von Kultur gefolgt werden, der sie als *mentale Programmierung des Geistes* formuliert:

»Using the analogy of the way in which computers are programmed, this book will call such patterns of thinking, feeling, and acting *mental programs* ... This does not mean, of course, that people are programmed the way computers are. A person's behavior is only partially predetermined by her or his mental programs: (s)he has a basic ability to deviate from them, and to react in ways which are new, creative, destructive, or unexpected. The *‚software of the mind‘* this book is about only indicates what reactions are likely and understandable, given one's past.« (Hofstede 1991: 4)

Kommunikation

Obwohl das Zeitalter der Telekommunikation den Gedanken an eine technisch orientierte Bearbeitung des Themas nahelegt, wird diese hier nicht berücksichtigt, da der Fokus auf dem Menschen als sozialem Phänomen liegt. Eine weitere Negativ-Abgrenzung des Begriffs schließt die Kommuni kation mit externen Partnern eines Unternehmens aus, welche in erster Linie Kunden, Nachfrager, Zulieferer oder sonstige Interessenverbände umfasst (Kotler/Bliemel 1999: 1039). Die folgenden Ausführungen beschäftigen sich ausschließlich mit der interpersonalen Kommunikation *innerhalb* eines Unternehmens, wobei die Interaktion primär direkt (face-to-face) stattfindet, aber auch über ein Medium wie Telefon, Fax oder E-Mail erfolgen kann (Warthun 1997: 14).

Interkulturelle Kommunikation – eine Begriffssynthese

HALL postuliert einfach: *»Culture is communication«* (Hall 1976: 97). Dieser Gleichsetzung der beiden Begriffe soll hier nicht gefolgt werden, da sie zu wenig Grundlage für das Verständnis der nachfolgenden Ausführungen bietet. Eine endgültige Definition kann dennoch nicht geboten werden, da bereits die Begriffe Kultur und Kommunikation nie eindeutig festzulegen sind (Warthun 1997: 15) und somit eine Synthese geradezu waghalsig erscheint. Stattdessen soll in Anlehnung an HINNENKAMP eine Reihe von generellen Auffassungen beschrieben werden, welche *interkulturelle Kommunikation* zwar nicht endgültig definieren, aber sich diesem Ziel zumindest annähern: Kulturen unterscheiden sich voneinander, was unter anderem Auswirkungen auf das Kommunikationsverhalten der Teilnehmer hat. Gemeinsame Kulturteilhabe erleichtert Kommunikation, wohingegen eine unterschiedliche Kulturteilhabe sie erschweren kann (Hinnenkamp 1994: 51).

Kooperation
Kooperation im internationalen Kontext globaler Unternehmen bezeichnet die Zusammenarbeit zwischen mindestens zwei Standorten in verschiedenen Ländern zur Steigerung der Wettbewerbsfähigkeit (Gabler Wirtschafts-Lexikon 1997: 2245). Die wichtigsten Kriterien, die für die vorliegende Arbeit relevant sind, umfassen den Informations- und Erfahrungsaustausch, die Absprache von Zielen und Strategien sowie das gemeinsame Arbeiten an Projekten und Problemen.

Übungsblatt zur Begriffsabgrenzung

Am Beispiel der Masterarbeit »Interkulturelle Kooperation und Kommunikation«

Meine persönliche Bewertung

Was gefällt mir gut?

Was gefällt mir nicht?

Was würde ich anders machen?

Hierzu nun zum Vergleich der entsprechende Auszug aus dem Gutachten:

*Abschnitt 1.4 »Begriffsabgrenzung« kann insgesamt nicht überzeugen. Auch wenn die Anlehnung an Hofstedes Kulturdefinition zwecks späterer Argumentation im Kapitel 2 »Bezugsrahmen« sinnvoll erscheint, wäre eine erste Auslegeordnung alternativer Kulturbegriffe wünschenswert gewesen. Der Begriff »Kommunikation« wird von technischer Kommunikation abgegrenzt, aber letztlich nicht erfasst. Auch die Frage nach dem Wesensgehalt von »interkultureller Kommunikation« bleibt offen. Der Begriff »Kooperation« ist grob definiert, Spielarten werden jedoch nicht angesprochen. Hier hätte zumindest ein Anriss der Varianten von Kooperation mit angedeuteter Fokussierung auf die bei Musterfirma AG** *anzutreffenden Formen der Kooperation den Überlegungen mehr Gehalt verschafft. Es ist letztlich symptomatisch, dass der gesamte Abschnitt kaum von Literatur getragen wird.*

*(*Name der Firma geändert)*

Arbeitsblatt »Meine Begriffsabgrenzungen«

1. Notieren Sie nachfolgend Ihr (Arbeits-)Thema

Thema:

Untertitel:

2. Identifizieren Sie nun die zentralen Begriffe und bilden Sie damit die Hauptstränge Ihrer Begriffs-Mindmap. Sammeln Sie dazu verwandte Begriffe und Themenfelder und notieren Sie sich weitere, für Ihre Arbeit wichtige Begriffe, z. B. solche, die in Überschriften Ihrer Gliederung vorkommen.

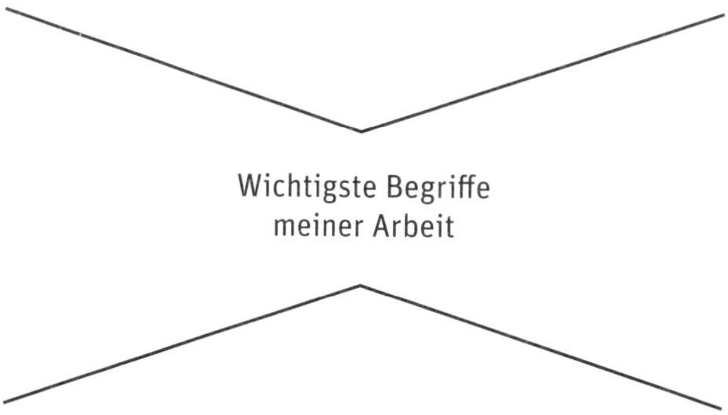

3. Überlegen Sie sich nun, welche Begriffe auf welcher Ebene und in welcher Reihenfolge in Ihrer Arbeit definiert werden müssen.

Theoretischer Bezugsrahmen

Spätestens ab der Stufe Bachelorarbeit stellt ein so genannter (theoretischer) Bezugsrahmen einen integralen Bestandteil einer wissenschaftlichen Arbeit dar. In Anbetracht der Tatsache, dass heutzutage der Theoriebegriff, bisweilen sogar unter Studierenden an Hochschulen, vielfach negativ belegt ist, besteht die Aufgabe dieses Kapitels zunächst einmal darin, Ihnen als Leser zu vermitteln, dass es sich hierbei nicht um eine sorgsam ritualisierte akademische Schikane handelt.

Selbstverständlich gehört auch dieser Punkt zu dem zentralen Bewertungskriterium und den klassischen Stolpersteinen auf dem Weg zu einer gelungenen wissenschaftlichen Arbeit. Aber das soll Sie nicht daran hindern, gleichsam aus der Not eine Tugend zu machen. Denn mit Hilfe der nachfolgenden Erläuterungen werden Sie – hoffentlich – ein Gespür dafür bekommen, dass ein geschickt ausgewählter und in der darauf folgenden Themenbearbeitung konsequent angewandter Bezugsrahmen Sie in Ihrem Vorhaben unterstützt und nicht behindert!

Grundidee und Funktion eines Bezugsrahmens

Was also ist ein (theoretischer) Bezugsrahmen?

- **Ein Bezugsrahmen ist ein in der Wissenschaft bereits erprobtes Denkschema.** Er ist ein *Rahmen*, auf den Sie sich mit Ihrem Thema *beziehen* können. Wenn Sie z. B. eine Arbeit über »Anreiz- und Entlohnungssysteme in Zeiten von Telearbeit und Job-Nomaden« schreiben möchten, werden Sie vermutlich rasch auf die Frage nach Sinn und Zweck von Anreizsystemen stoßen. Von dort ist der Weg zur dahinter liegenden Bedürfnis- und Motivationssituation der Betroffenen, sprich der »Anzureizenden« und zu Entlohnenden sicherlich nicht mehr weit. Wo also könnte man nach einem geeigneten Bezugsrahmen für dieses Thema suchen? Die Literatur zu *Bedürfnistheorien* ist ein viel versprechender Fundort.

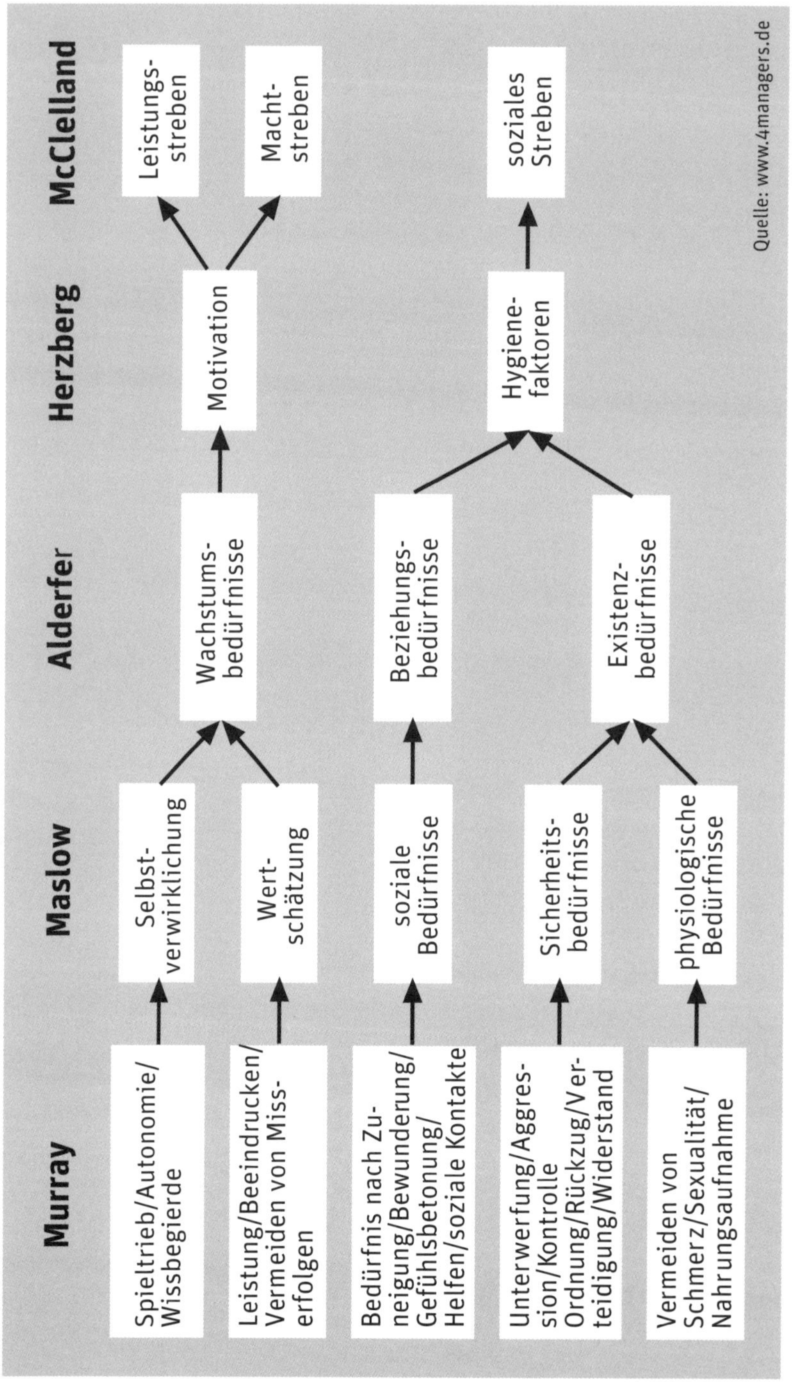

Quelle: www.4managers.de

Abbildung 8: Bedürfnistheorien

- **Ein Bezugsrahmen erlaubt eine systematisierte Betrachtungsweise des gestellten Problems.** Abbildung 8 zeigt eine Zusammenschau bekannter Motivationstheorien. Würden Sie auf die Verwendung dieses Theoriematerials, aus Unkenntnis oder sonstigen Gründen, verzichten, wären Sie gezwungen, das Problem der Motivationsfaktoren, das den zu entwickelnden Anreizsystemen zugrunde liegt, gänzlich ohne Hilfe zu strukturieren. **Ein Bezugsrahmen spart Ihnen somit Zeit** und verhindert, dass das Rad immer wieder neu erfunden wird.
- **Ein Bezugsrahmen bietet wissenschaftliche Absicherung** (Strukturiertheit, Widerspruchsfreiheit, empirische Überprüfbarkeit, »Vollständigkeit« der Argumente). Sich wie in diesem Fall auf die Bedürfnistheorie z. B. nach Maslow zu beziehen, heißt nichts anderes, als in der Literatur nach etablierten Verbündeten zu suchen. So wie Sie Ihre Arbeit damit wissenschaftlich aufwerten, zwingen Sie eventuelle Kritiker Ihrer Arbeit ebenfalls auf ein höheres Niveau. Anders gesagt: Wem Ihre theoretische Vorgehensweise nicht gefällt und wer Ihre Arbeit »aushebeln« will, muss nicht nur Ihren Text, sondern allem voran dessen theoretische Grundlage, in diesem Fall den bekannten Maslow, stichhaltig kritisieren. Voraussetzung ist natürlich, dass der Bezugsrahmen für Ihr Thema geeignet war und Sie ihn richtig verstanden und konsequent auf Ihre Themenstellung angewandt haben.
- **Ein Bezugsrahmen schafft über seine bisherigen Anwendungen Anknüpfungspunkte an die spezifische Denkweise und Literatur.** Je prominenter der Bezugsrahmen, der für Ihre Arbeit vorstellbar wäre, in der Literatur vertreten ist, desto häufiger werden Sie in der Literatur auch auf entsprechende Anwendungsfälle stoßen. Diese helfen Ihnen, Struktur sowie Stärken, Schwächen, Möglichkeiten und Grenzen in der Anwendung der ausgewählten Theorie zu »beobachten« und besser einzuschätzen. Zum Beispiel sind die genannten Bedürfnistheorien in der Literatur beileibe nicht nur auf Fragen der Entlohnung im Beruf angewandt worden.

Tipp:
Aber, Vorsicht! Jeder Bezugsrahmen ist eine theoretische Vorentscheidung, die als solche ausgewiesen werden muss. Die Auswahl eines bestimmten Bezugsrahmens muss zumindest ansatzweise begründet werden.

Arbeitsblatt »Mein Bezugsrahmen«

1. Notieren Sie nachfolgend Ihr (Arbeits-)Thema

Thema:

Untertitel:

2. Suchen Sie nun nach Theorien bzw. Modellen, die ein bestimmtes Problem (abstrakt) beleuchten, die mit Ihrer konkreten Problemstellung identisch sind oder zu denen Ihre Problemstellung einen speziellen Anwendungsfall darstellt (→ Beispiel Motivationstheorien).

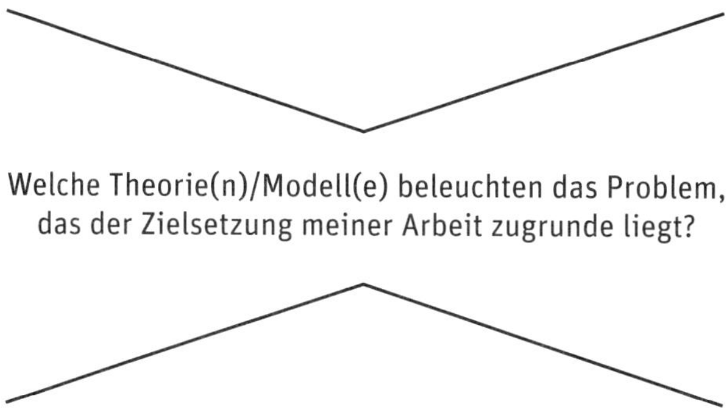

Leserführung

In ihrer Bedeutung vielfach unterschätzt – sowohl für die Qualität wissenschaftlicher Arbeiten als auch im Hinblick auf die in der Praxis nachgefragte Fähigkeit zur Produktion strukturierter Texte – sind die Möglichkeiten und Instrumente der Leserführung.

Insbesondere die Fähigkeit, zu einer logisch nachvollziehbaren Argumentation sowie zu einer an den Schlüsselaussagen orientierten Visualisierung komplexer Inhalte/Zusammenhänge zu kommen, muss im beruflichen Alltag von (Nachwuchs-)Führungskräften zunehmend als Schlüsselqualifikation eingestuft werden. Von Seiten der Schule nicht darauf vorbereitet, zeigen die Studierenden hier vielfach deutlichen Nachholbedarf. Bachelor- und Masterarbeit bieten eine sinnvolle und gleichzeitig die letzte Gelegenheit, diese Fähigkeit zu trainieren.

Denn: Aufmerksamkeit ist ein knappes Gut.

Logik der Argumentation

»Woher weiß ich, was ich mir gedacht habe,
bevor ich lese, was ich geschrieben habe?«

Gut gegliedert ist nur halb gewonnen.

»Argumentation nicht oder nur begrenzt nachvollziehbar« ist ein in Gutachten zu wissenschaftlichen Arbeiten häufig anzutreffender und in der Regel schwer wiegender Vorwurf. Mit Logik in der Argumentation ist vorrangig gemeint, dem Leser durchgängig die einzelnen gewählten Schritte transparent und verständlich zu machen, ihm stets mit Blick auf Thema, Problemstellung und Zielsetzung der Arbeit zu verdeutlichen, weshalb er gerade liest, was er liest, wo er steht und was ihn warum im weiteren Verlauf noch erwartet. Mit anderen Worten geht es auch und vor allem darum, den Leser mit der Lektüre der Inhalte nicht alleine zu lassen, sondern ihn in einer nachvollziehbaren Art und Weise durch den Text zu führen.

Dabei ist es gefährlich, darauf zu vertrauen, das Problem der Logik der Argumentation habe sich bereits mit der Gliederung erledigt, da sich ja aus ihr die logische Struktur der Arbeit unmittelbar ergebe. Eine gute Gliederung ist diesbezüglich definitiv immer notwendig, aber in den seltensten Fällen hinreichend, um den Leser bei der Stange zu halten. Gute Arbeiten zeichnen sich hierbei vor allem dadurch aus, dass der Leser nicht nur hin und wieder spürt, wohin die Reise gehen könnte, sondern am Text jederzeit explizit weiß, welches Etappenziel die Autorin/der Autor gerade verfolgt und welchen Teilschritt sie/er hierzu gerade entwickelt.

Sich selbst im Klaren sein

Wenngleich sprachliche Klarheit die Nachvollziehbarkeit einer Arbeit mit Sicherheit befördert, zeigt die Erfahrung, dass mangelnde Logik in der Argumentation häufig weniger ein rein sprachliches Problem ist als vielmehr ein Symptom dafür, dass die Arbeit sich selbst nicht ganz darüber im Klaren ist, welche(n) Pfad(e) sie einschlagen möchte.

Vielleicht haben Sie das in Gesprächen auch schon einmal erlebt: Man nimmt ein Gespräch, einen Dialog quasi als Test. Man artikuliert seine Überlegungen, um sich dadurch, dass man einen Gedanken formulieren und aussprechen muss, der eigenen Ideen zu vergewissern und sich über die eigene Argumentation klar zu werden. In Gesprächen, natürlich auch mit dem wissenschaftlichen Betreuer, sind solche Diskussionen mitunter sehr förderlich für den Aufbau und für Korrekturen des eigenen Gedankengebäudes, nach dem Motto: **»Woher weiß ich, was denke, bevor ich höre, was ich sage?«**

Aber ein wissenschaftlicher Text ist keine Diskussion mit dem Leser. Der Leser ist kein Versuchskaninchen, an dessen Zustimmung oder Widerspruch man seine Argumentation glätten und schärfen könnte. Anders gesagt: Texte, denen man Mangel an Logik in ihrer Argumentation zu Recht vorwerfen muss, sind vielfach dadurch gekennzeichnet, dass der Leser, wenn überhaupt, erst ganz zum Schluss eine vage Vorstellung davon erhält, wo die eigentliche Intention des Textes lag. »Woher weiß ich, was ich mir dabei gedacht habe, bevor ich lese, was ich geschrieben habe?« Dem Autor wurde also sichtlich erst während des Schreibens klar, welche inhaltlichen Möglichkeiten, Schwerpunkte und thematischen Nebenaspekte und vor allem Argumentationslinien sich aus dem Thema ergeben. Der Text ist bloßes Protokoll eines Denkprozesses, nicht das Ergebnis desselben! Und genauso wenig wie das Gehirn linear denkt, genauso verworren und verschlungen liest sich dann meist der betreffende Text.

Die Arbeit muss für sich selbst sprechen können

Wissenschaftliche Arbeiten müssen selbsterklärend sein. Anders als z. B. bei der Verkaufspräsentation eines Autos oder einer Software oder in einem Beratungsgespräch mit einem Anlageberater ist der Leser mit dem Text allein und kann Sie als »Vertreter Ihres Produktes« nicht in Anspruch nehmen. Es ist wie bei einem Schrankbausatz aus einem Mitnahme-Möbelhaus: Wenn die Anleitung unleserlich und unverständlich ist, kommt eben kein Vertreter des Hauses vorbei und erklärt Ihnen, wie die Teile zusammengehören. Zur Forderung, dass eine Arbeit für sich stehen, d. h. für sich selbst sprechen muss, zählt auch, dass man als Autorin/Autor nach Möglichkeit all das abstrahiert, was man im Einzelfall mit dem wissenschaftlichen Betreuer im Vorfeld besprochen haben mag.

Tipp:
Schreiben Sie die Arbeit stets so, als hätten Sie niemals mit Ihrem wissenschaftlichen Betreuer gesprochen!

Intensive Betreuungsgespräche verleiten mitunter unbewusst dazu, den Text in einer Weise zu strukturieren, die unausgesprochen beim Leser die Kenntnis bestimmter Vorfragen und Vorentscheidungen, Sichtweisen o. Ä. voraussetzen: Ein bestimmter thematischer Schwerpunkt wird nicht explizit begründet, weil ja im Vorfeld mit dem Betreuer bereits abgestimmt; einige Analysen zu Teilfragestellungen werden im Detail diskutiert, andere nur skizzenhaft angerissen, und wo die Argumentation vielleicht etwas anspruchsvoller zu werden droht, weiß der Betreuer ja im Zweifel, was gemeint ist. **Der wissenschaftliche Betreuer ist nicht der Leser! Sie schreiben Ihre Arbeit nicht für das Prüfungsamt!** Den Zielleser Ihrer Arbeit haben Sie zwar in der Zielsetzung ausreichend bestimmt, in der Regel hatten Sie aber keine Gelegenheit, ihm Ihre wissenschaftliche Arbeit vorab auseinanderzusetzen und Ihr Vorhaben zu erläutern, was ja auch nicht Sinn der Sache ist.

Detailanforderungen zur Logik der Argumentation

Eine Arbeit, die in ihrer Argumentation um Logik bemüht ist, sollte im Detail folgende Elemente berücksichtigen:

- klar erkennbare und mit entsprechendem Quellenmaterial gestützte Unterscheidungen zwischen
  - den objektiv gesicherten Fakten, wie z. B. betriebswirtschaftlichen Kennzahlen einer Firma, die Sie als Fallbeispiel heranziehen;
  - der vorherrschenden Lehrmeinung im Thema/Fach, abgeleitet aus dem Hinweis, dass sich Ihr Text hierbei auf die entsprechend einschlägigen Quellen stützt;
  - eher unpopulären Positionen einzelner Fachleute, die nicht nur von Ihnen, sondern auch von der Mehrheit der einschlägigen Fachvertreter als unpopulär eingestuft werden;
  - der persönlichen Vermutung/Meinung, die sich meist aus einer vorgeschalteten Analyse als Conclusio ergibt und als eigene Meinung ausgewiesen wird;
- schrittweise Vorbereitung einer Schlussfolgerung sowohl bei induktivem als auch bei deduktivem Vorgehen;
- klare Stellungnahme zum jeweiligen Geltungsbereich der getroffenen Aussagen;
- Vermeidung von Pauschalurteilen und undifferenzierten Wertungen;
- begründeter Aufbau von Kausalbeziehungen unter Beachtung möglicher Zirkelschlüsse.

Die Logik der Argumentation eines wissenschaftlichen Textes kann zusätzlich gestützt werden durch eine entsprechend professionelle Leserführung. Hierbei ist zu unterscheiden zwischen textlichen und grafischen Möglichkeiten der Leserführung.

Leserführung durch Text

Textliche Leserführung beginnt streng genommen bereits in den Kapiteln »Problemstellung« und »Zielsetzung«. Je klarer diese einleitenden und die Grundausrichtung der Arbeit bestimmenden Textpassagen geschrieben sind, desto besser wird der Leser (ein-)geführt.

Im **engeren Sinne meint Leserführung** durch Text primär **alle Textbausteine, die der Standortbestimmung innerhalb der Arbeit dienen,** die also Hinweise zu Struktur und Vorgehensweise, zum bisherigen und weiteren Ablauf sowie die Rekapitulation bereits erarbeiteter Inhalte zum Gegenstand haben. Im Detail zählen dazu:

- **Ein Abschnitt »Vorgehensweise« im Rahmen Ihres Einleitungskapitels.** Wie in diesem Buch bereits im Kapitel »Vorgehensweise« besprochen, ist dies sowohl formal als auch inhaltlich zwingend erforderlich und leistet einen ersten großen Beitrag zur Leserführung.
- **Abstracts und/oder Zusammenfassungen in jedem Kapitel.** Abstracts werden zu Beginn eines Kapitels oder Abschnitts, Zusammenfassungen jeweils am Ende gesetzt. Letztere rekapitulieren in der Regel erarbeitete Inhalte, während Abstracts häufig mehr die unmittelbar bevorstehenden weiteren Schritte ankündigen, dabei aber, aus dramaturgischen Gründen, die Ergebnisse oftmals noch zurückhalten. Letzten Endes ist es auch ein wenig eine Frage des persönlichen Stils, ob man als Autorin/Autor eher das deutsche Prinzip »der Weg führt zum Ziel« präferiert oder das amerikanische »message first« bevorzugt, sprich im Abstract bereits das Ergebnis des betreffenden Kapitels/Abschnittes vorwegnimmt, um sich dann im Text *en detail* der Herleitung des Ergebnisses zu widmen. Nachfolgend hierzu aus der Arbeit »Theorie des Beobachters« ein Beispiel, eine Vorschau zu Abschnitt 2.3 »Die Unterscheidung des Beobachters« aus dem Kapitel 2 »Theorie des Beobachters« der gleichnamigen Arbeit (Winter 1999: 81):

> Vorgestellt werden die Inhalte des Buches »Law of Form« und ihre Beziehung zu und für die Theorie des Beobachters. Der Abschnitt behandelt nach einer kurzen Einführung die zentralen Begriffe »Distinktion«, »Differenz«, »Unterscheidung« und »Form«, arbeitet sich durch die »Gesetze der Form« und spitzt die Argumentation auf die abschließenden Ausführungen zum »re-entry« zu, der sich als der epistemologische und methodologische Nukleus der Theorie des Beobachters der vorliegenden Arbeit herauskristallisieren wird.

- **Überleitungen.** Insbesondere zu Beginn bzw. am Ende von größeren, umfangreicheren Kapiteln sowie bei einem Wechsel in ein neues Kapitel empfiehlt es sich, sowohl Abstracts als auch Zusammenfassungen mit entsprechenden überleitenden Formulierungen zu versehen, die die inhaltlichen und logischen Verknüpfungen zwischen den betreffenden Kapiteln betonen bzw. auf die oben genannte Zäsur explizit hinweisen. Andernfalls reißt der rote Faden – ein Wechsel zwischen den Kapiteln stellt eine inhaltliche Zäsur dar – und der Leser empfindet diesen Übergang als von der Autorin/vom Autor ungewollten oder nicht beachteten Bruch im Fluss der Arbeit.

- **Zwischen-/Kurzfazits von Schlüsselinhalten als »Merksätze«.** Sofern dieses Instrument nicht überstrapaziert und der Text nicht gänzlich zerstückelt wird und zu einer Ansammlung von Merksätzen gerinnt, gilt die hervorgehobene Wiederholung von Schlüsselinhalten mittlerweile, zumindest in wirtschaftswissenschaftlichen Arbeiten, als salonfähig. Hierzu ein Beispiel aus dem Abschnitt »Vertrauensbildung« oben genannter Arbeit zum Thema »Interkulturelle Kooperation und Kommunikation«:

Fazit: Der Mensch kann nur dann zu einem kooperativen und kommunikativen Verhalten bewogen werden, wenn ihm eine positive und vertrauensvolle Grundeinstellung entgegengebracht wird.

- **Kapitelkopfzeilen.** Mag dieses Instrument zur Verbesserung der Orientierung des Lesers im Text bei einer Seminararbeit mit einem Umfang von maximal 20 Seiten ein wenig übertrieben wirken, wird sein Vorhandensein jedoch ab der Ebene Bachelorarbeit gerne als Bewertungskriterium herangezogen. Die Seiten eines jeden Kapitels/Abschnittes führen dabei die Überschrift des betreffenden Kapitels/Abschnitts wortgleich in der Kopfzeile, und der Inhalt der Kopfzeile wechselt entsprechend mit jedem Kapitel/Abschnitt.
  Grundsätzlich gilt hier die Regel, stets auf derselben Ebene zu verbleiben: Haben Sie entschieden, die Kopfzeilen nur für *Kapitel* (Gliederungsebene 1, z. B. »3. Franchising in den USA«) zu definieren, so dürfen nicht willkürlich in einem Kapitel die untergeordneten Abschnitte zusätzlich mit einer Kopfzeile versehen werden. Haben Sie sich umgekehrt, z. B. bei einer umfangreicheren Arbeit, dazu entschieden, das Prinzip der Kopfzeilen auch auf Abschnitte der zweiten und dritten Ebene auszuweiten (z. B. »3.1 Juristische Rahmenbedingungen für Franchising in den USA«), so müssen in der Arbeit *alle* Abschnitte derselben Gliederungsebene entsprechend mit einer Abschnittskopfzeile ausgestattet sein. Es zählt wie immer die einheitliche Gestaltung der Arbeit insgesamt.

- **Kapiteleingangszitate**. Wenn Sie das Buch bis hierin komplett gelesen haben, ist es Ihnen bestimmt schon aufgefallen. Einige Kapitel bzw. Abschnitte sind jeweils zu Beginn mit einem kleinen Zitat bestückt, das – hoffentlich – die Kernbotschaft auf den Punkt bringt. Dieses Stilmittel, das in der Sachbuch- und populärwissenschaftlichen Literatur häufig anzutreffen ist, erfreut sich auch in den gestrengeren akademischen Gefilden zunehmender Beliebtheit.
  Dem »literarischen Freiraum« sind dabei im Prinzip keine Grenzen gesetzt. Längst werden auch Personen zitiert, die mit dem Thema der wissenschaftlichen Arbeit rein gar nichts verbindet, ja die nicht einmal Vertreter des eigenen Faches sind. Im Zweifel legitimiert der Bekanntheitsgrad der zitierten Person die Verwendung des Zitats. Alles, so scheint es, ist erlaubt, solange es passt. Eine gewisse Inflationierung besonders berühmter Aussprüche ist die natürliche Folge dieser Entwicklung. Aus diesem Grund ist es zu empfehlen, bei der Auswahl der Zitate außer dem Bekanntheitsgrad und ggf. der themenbezogenen Expertise etwas darauf zu achten, nicht gerade *das Standardzitat* zu verwenden. Auf jeden Fall aber sollte sorgfältig recherchiert werden, ob der Ausspruch auch wirklich von der betreffenden Person stammt. Viele Zitate werden mittlerweile vielen verschiedenen Personen zugeschrieben, und die vielen oberflächlich und lieblos zusammengeschusterten »Zitatenschätze« in Internet und Buchhandel tun ihr Übriges. Und so paradox es klingt: Nicht jeder Zitatenschatz ist wirklich zitierwürdig, wird also in einer wissenschaftlichen Arbeit als Quellennachweis nicht immer gerne gesehen.
- **Randnotizen.** Das meint Schlüsselworte bzw. »Schlagzeilen« zu den im Fließtext behandelten Inhalten, die in regelmäßigen Abständen am äußeren Rand der Textseite als so genannte Marginalien platziert werden. Bislang ist diese Form der Leserführung faktisch nur in Lehrbüchern anzutreffen. Sollten Sie sich hierfür entscheiden, dürfte es angesichts möglicher formaler Einwände (Seitenränder dienen in der Regel als Platz für Korrekturen und dürfe daher nicht beschriftet werden) ratsam sein, sich beim wissenschaftlichen Betreuer bzw. beim Prüfungsamt abzusichern.

Leserführung durch Grafiken

In ihrer Bedeutung vielfach unterschätzt sind die Möglichkeiten und Instrumente der grafisch unterstützten Leserführung. Sowohl für die Qualität wissenschaftlicher Arbeiten als auch im Hinblick auf die spätere berufliche Praxis ist die Fähigkeit, komplexe Sachverhalte zu strukturieren und übersichtlich darzustellen, unerlässlich.

Folgende Elemente grafischer Leserführung sollte man kennen und für die eigene Arbeit nutzen.

Gesamtaufbau und Struktur einzelner Kapitel. Wenngleich in Seminararbeiten bisweilen als »Seitenschinder« gescholten, trägt eine gelungene bildliche Darstellung des Gesamtaufbaus erheblich zum Verständnis wissenschaftlicher Arbeiten bei. In Master- und Doktorarbeiten gilt sie mittlerweile als üblich und wird von wissenschaftlichen Betreuern häufig explizit eingefordert. Dabei sollte man in der Visualisierung darauf achten, dass

- der rote Faden erkennbar wird,
- die Gewichtung der einzelnen Teile der Arbeit zum Ausdruck kommt,
- die Grafik textlich mehr leistet als nur die bloße Wiederholung der Kapitel- und Abschnittsüberschriften aus dem Inhaltsverzeichnis. So wird häufig gefordert, dass zumindest im Hauptteil der Arbeit die einzelnen Kapitel bzw. Abschnitte jeweils mit ihrer Kernaussage dargestellt werden,
- die Grafik so aufgebaut ist, dass die Arbeit sich im weiteren Verlauf immer wieder darauf beziehen kann, indem vor jedem größeren Kapitel »gezoomt« wird, d. h. der betreffende Ausschnitt der Grafik vergrößert und ggf. mit Zusatzinformationen versehen wird.

Nachfolgende Abbildungen (Abb. 9 und 10) entstammen einer Dissertation zum Thema »Theorie des Beobachters« und sollen das Prinzip verdeutlichen. Die erste Abbildung zeigt den Gesamtaufbau der Arbeit, bei der ein großes Hauptkapitel von einem einleitenden und einem weiterführenden Kapitel flankiert wird. Der Schwerpunkt liegt klar auf dem Hauptkapitel, innerhalb dessen ein Theorieapparat konstruiert wird, der aus fünf gleichwertigen Bausteinen (Kugeln) besteht. Diese stehen wechselseitig zueinander in Beziehung, und jeder leistet auf seine Art einen Beitrag zur Gesamtarchitektur des Theoriekomplexes (Schlüsselaussage im jeweils zugehörigen kleinen Kasten). Jedem Theoriebaustein ist folglich ein Abschnitt zugeordnet. Eine Zusammenfassung schließt das Hauptkapitel ab.

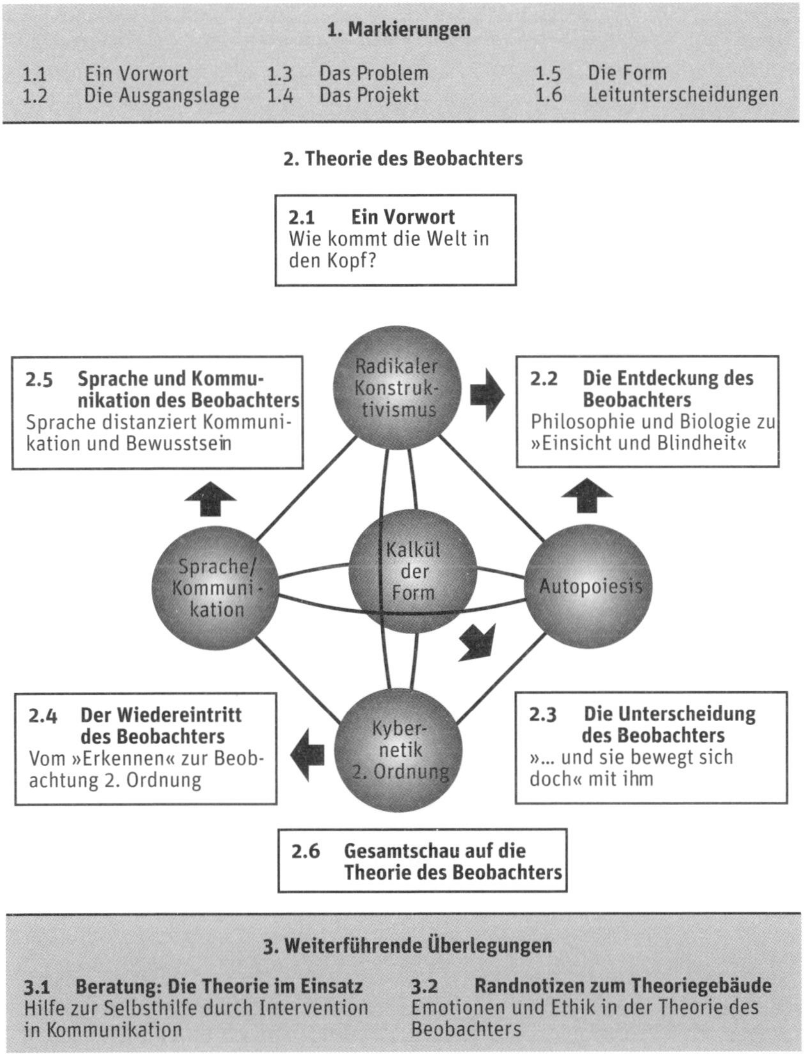

Abbildung 9

Die daran anschließende Abbildung (Abb. 10) zeigt den gezoomten Ausschnitt, der in den Abschnitten 2.1 und 2.2 der Arbeit behandelt werden soll. Die Abbildung ist diesen beiden Abschnitten vorangestellt und liefert zusätzlich die Information über die Behandlung und theoretische Überwindung der Leitunterscheidung Sein/Nichtsein (aus der Ontologie) als Ziel und Beitrag der beiden Bausteine »Konstruktivismus« und »Autopoiesis«.

Zum Vergleich nachfolgend ein weiteres Beispiel (Abb. 11, 12 und 13), diesmal aus einer Masterarbeit und nur für ein einzelnes Kapitel. Die erste Abbildung zeigt die fünf Bausteine, die im betreffenden Kapitel zum Thema Führung bearbeitet wurden. Im Zentrum steht dabei die Kernfrage.

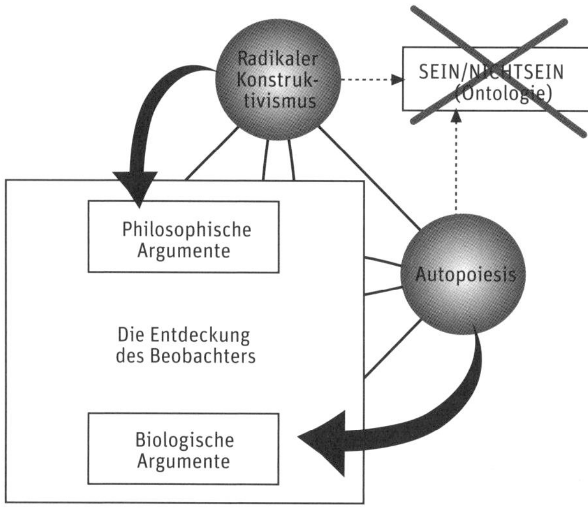

Abbildung 10

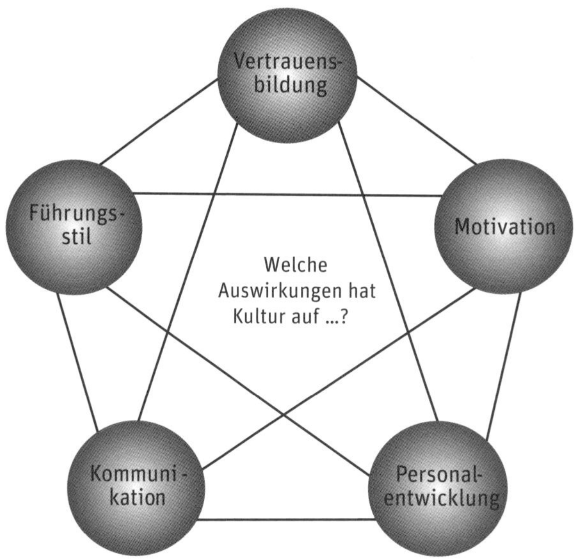

Abbildung 11

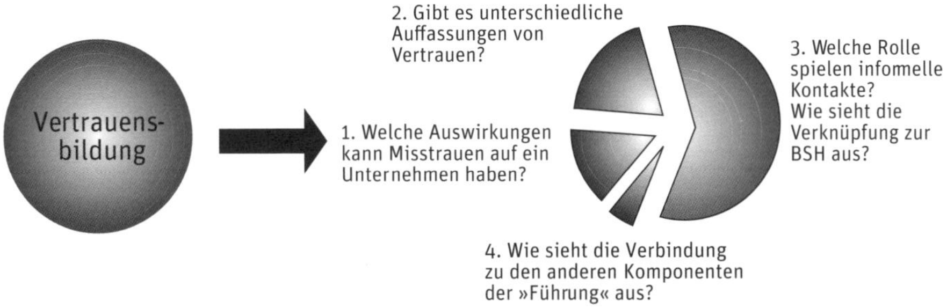

Abbildung 12

Der daran anschließende Abschnitt 3.1 hat Vertrauensbildung zum Thema und geht dabei im Detail vier Fragestellungen nach. Den Fragen soll dabei unterschiedliches Gewicht zukommen, wie mit der jeweiligen Größe der Kreissegmente zum Ausdruck gebracht werden soll. Gleiches gilt für den darauf folgenden Abschnitt 3.2 Führungsstil sowie für alle drei restlichen Bausteine des Kapitels analog (siehe Hauptgrafik).

Abbildung 13

Daten, komplexe argumentative Zusammenhänge, Kernaussagen und besondere Informationsfülle

So genannte »Businessgrafiken« sind zunehmend beliebter. Man trifft sie in allen Medien an, so dass es auch für wissenschaftliche Arbeiten selbstverständlich geworden ist, Daten, z. B. aus Statistiken, grafisch aufzubereiten. Denn mal ehrlich: Es gibt wohl kaum etwas Unangenehmeres für einen Leser, als sich durch einen Fließtext durchkämpfen zu müssen, der gespickt ist mit Zahlen. Mehr denn je gilt hier: Ein Bild sagt mehr als tausend Worte. Ersparen Sie sich und dem Leser die Mühsal eines »Zahlenfriedhofes«. Erstellen Sie einfach eine Grafik, und Sie werden sehen, dass es Ihnen dann auch im zugehörigen Text viel leichter fällt, die gewünschten Kernaussagen verständlich herauszuarbeiten.

Tipp:
Experimentieren Sie im Falle von Daten mit den vielfältigen Möglichkeiten der Umsetzung in eine Grafik, die jedes Tabellenkalkulationsprogramm heutzutage anbietet, von einfachen Linien-, Balken- und Kuchendiagrammen bis hin zu komplexen gestapelten Säulencharts usw. Lassen Sie sich dabei ruhig auch zusätzlich von den Businessgrafiken einschlägiger Magazine wie Focus, manager magazin oder Wirtschaftswoche inspirieren.

Eine Grafik zur Visualisierung von Zahlen ist schnell erstellt und erfordert nicht sonderlich viel Kreativität. Anders die Darstellung komplexer Gedankenführungen, logischer, inhaltlicher und argumentativer Zusammenhänge sowie die Verdichtung von Information. Nicht zuletzt deshalb gilt die Visualisierung solcher Elemente einer wissenschaftlichen Arbeit als »höhere Schule« und wird sehr häufig als Differenzierungs- wie auch als Bewertungskriterium herangezogen. Es zeigt sich eben auch an der Qualität der Grafiken die Fähigkeit der Autorin/des Autors zu Abstraktion und Strukturierung – zwei wesentliche Merkmale wissenschaftlichen Denkens und Arbeitens. »Alles, was sich sagen lässt, lässt sich klar sagen«, ermahnt uns der Philosoph Ludwig Wittgenstein in seinem berühmten Tractatus. Aber nur wer zum Kern eines Problems vorgedrungen ist, kann es auch mit einfachen Mitteln übersichtlich darstellen. Nachfolgende Beispiele sollen die Anforderungen an und die Möglichkeiten der Darstellung komplexer inhaltlicher Zusammenhänge zum Zweck der Leserführung verdeutlichen helfen.

Bei Abbildung 14 handelt es sich um eine vorangestellte Zusammenfassung eines Kapitels aus einer Doktorarbeit, die sich mit den diversen Spielarten von »Konstruktivismus« auseinanderzusetzen hat. Die Abbildung soll dabei zum Ausdruck bringen, dass beim Thema »Konstruktivismus« sieben verschiedene Varianten mit ihren jeweiligen Kernaussagen zu diskutieren und voneinander abzugrenzen sind, die

- den unterschiedlichsten Disziplinen entstammen und die unterschiedlichsten Anliegen verfolgen,

- jeweils ganz für sich stehen und keine auf einer anderen aufbaut,
- sich folglich nicht zur Deckung bringen und auch kaum miteinander verknüpfen lassen,
- auch zusammengenommen kein stimmiges Gesamtbild von »Konstruktivismus« ergeben, also keine begriffliche oder konzeptuelle Synthese ermöglichen.

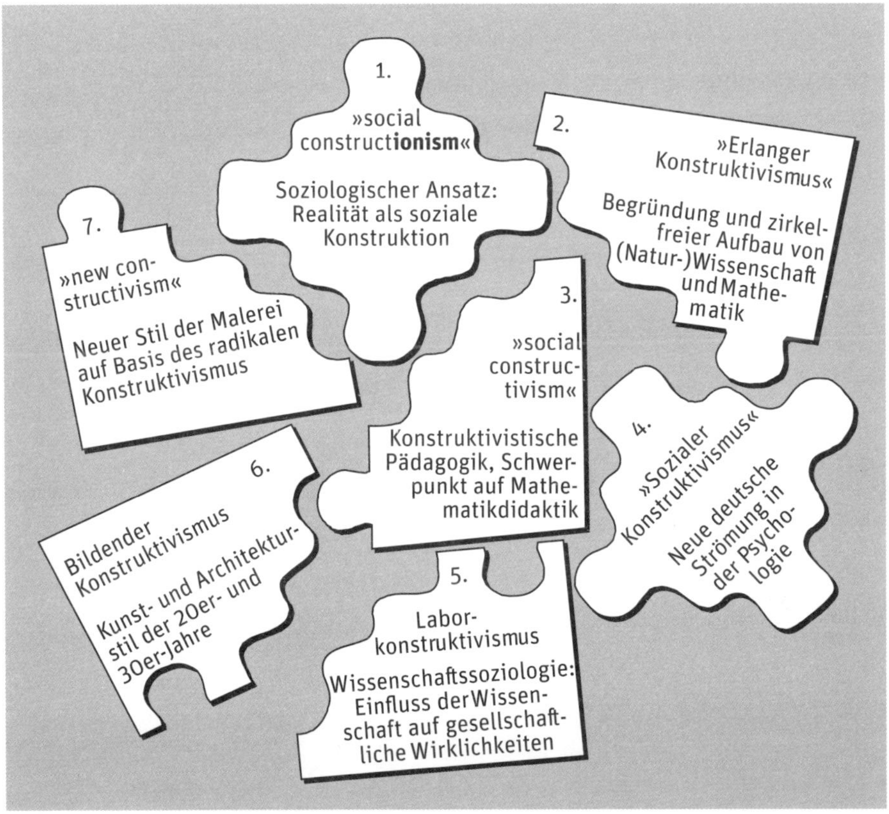

Abbildung 14: »Konstruktivismen«

Quelle: Winter W. (1999). Theorie des Beobachters; Frankfurt/M. 1999, S. 43

Das zweite Beispiel (siehe Abbildung 15) illustriert so gesehen genau das Gegenteil. Dargestellt wird *ein* Inhalt (Autopoiesis des Beobachters), der begrifflich unstrittig ist und zu dem es keine Variationen gibt. Er besteht aus neun Komponenten, die teils aufeinander aufbauend Schicht um Schicht das Konzept näher bestimmen helfen und die in der Reihenfolge ihrer Nummerierung im Text abgearbeitet werden.

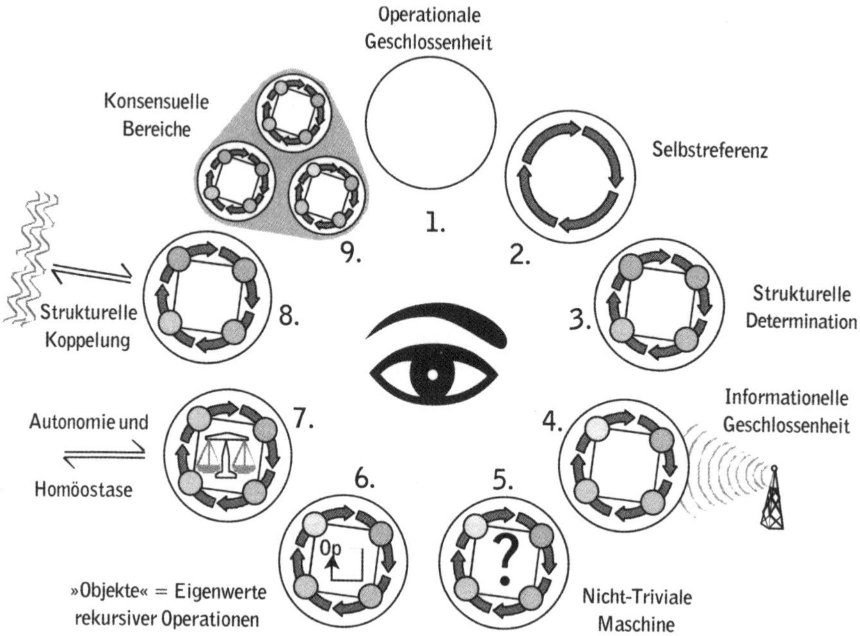

Abbildung 15: Autopoiesis des Beobachters
Quelle: Winter, W. (1999): Theorie des Beobachters; Frankfurt/M. 1999, S. 59

Einheitliche grafische Darstellung von Exkursen, Fallbeispielen, Merksätzen und Kurzfazits. Es empfiehlt sich, diese Textelemente jeweils grafisch zu unterstützen, z. B. durch entsprechende Rahmen und Schattierungen, und dabei konsequent einheitlich vorzugehen. Das verhindert optische Unruhe im Dokument und verbessert die Orientierung des Lesers durch Steigerung des Erinnerungswertes: Wann immer ein eingerückter Text in einem grauen Kasten platziert ist, handelt es sich z. B. um einen Exkurs, und die Merksätze erscheinen stets in weißen Kästen mit Doppelrahmen.

Tipp:
Achtung! Für alle Abbildungen in einer wissenschaftlichen Arbeit gilt: Die Abbildung muss inhaltlich in den Text eingebettet sein, d. h., der benachbarte Text muss mindestens einmal explizit auf die Abbildung Bezug nehmen.

Das Abschlusskapitel

Wer bei einem Abschlusskapitel vor allem an eine Zusammenfassung denkt, der kann dies zugegebenermaßen auch unter dem oben genannten Aspekt »Leserführung« abhandeln, denn bezüglich Leserführung hat ein Abschlusskapitel in etwa die gleiche Aufgabe und den gleichen Stellenwert wie der Abschnitt »Vorgehensweise« im Einleitungskapitel: nicht hinreichend, aber dennoch notwendig und ein wichtiger Beitrag zur Leserführung. Für gewöhnlich wird dabei das absolvierte Vorgehen rekapituliert und daraus abgeleitet ein Resümee über die erzielten Ergebnisse gezogen. Dem Abschlusskapitel fällt so die Aufgabe zu, die wissenschaftliche Arbeit abzurunden und den Kreis zu schließen. Und exakt aus diesem Grund dient dieses Kapitel der Arbeit nicht nur der Leserführung und soll deshalb hier eigenständig behandelt werden.

Noch Fragen?

Es ist wohl zutreffend, dass eine Schlussbemerkung, weil sie den zuvor ausgeführten Gedanken eine Grenze setzen soll, eben dadurch für sich eine Position außerhalb der Substanz der Arbeit reklamieren kann. Das verschafft ihr einen Freiheitsgrad, der sie vom Rest der Arbeit unterscheidet.

Wahrscheinlich bezieht sie ihren besonderen Charme (ggf. auch ihren ermüdenden Charakter) dabei aus dem einfachen Umstand, dass sie – im Unterschied zu den übrigen Ausführungen – *auf engstem Raum* mit den Differenzen Rückblick/Ausblick und Redundanz/Andeutung arbeiten darf und auf die Art frei oszillierend ihr Anliegen verfolgen kann. Hierunter könnte dann z. B. das Bedürfnis fallen, den unter Umständen auf der Strecke gebliebenen Leser durch Zusammenfassung der Kernaussagen wieder einzufangen und durch entsprechende Erinnerung an Problemstellung und Zielsetzung erneut an die Arbeit anzubinden. Dies getragen von der Hoffnung, dem Beitrag auf diese Weise das Schicksal der Nichtbeachtung zu ersparen.

Sollte einem im Abschlusskapitel der Verdacht kommen, dass Rezitation der Ergebnisse nicht ausreicht, und sich die Vermutung einschleichen, der letzte Eindruck könnte durch einen Appell verstärkt werden, so ist Vorsicht geboten.

Die Hoffnung durch die Mahnung, die notwendige Forschung weiterzuführen, an die Relevanz und die Dringlichkeit des Themas zu erinnern, kann vom Leser schnell als Phrase oder Attitüde verstanden werden. Oder wie der mit stets erheiternder Ironie gesegnete Soziologe Niklas Luhmann häufiger zu sagen pflegte: »Appellantentum scheint eine Art von Krankheit zu sein, deren typischer Verlauf inzwischen gut bekannt ist: Sie tritt in regelmäßig sich wiederholenden Anfällen auf, die für den davon Befallenen recht schmerzhaft sein können (...). Aber Appellantentum ist, obwohl verbreitet, zum Glück nicht ansteckend.«

Anders gesagt: Ein gutes Abschlusskapitel belässt es nicht bei dem im Zweifel ohnehin ausweglosen Versuch, den Text noch einmal in den Text hineinzukomprimieren, nur um sich und den Leser auf der sicheren Seite zu wissen. Von einer gelungenen wissenschaftlichen Arbeit wird auch verlangt, dass sie den verbleibenden Raum dazu nutzt, Fragen (wieder) aufzugreifen, die entweder zu Beginn ausgeklammert werden mussten bzw. die sich im Laufe der wissenschaftlichen Arbeit ergaben, mithin Fragen, die die ganze Zeit verdeckt mitgeführt wurden, ohne dass ihnen Raum zur Beantwortung hätte gegeben werden können. Wenn die Substanz der Arbeit Antworten auf gestellte Fragen liefern soll, soll ein Abschlusskapitel neue Fragen stellen. Das bedeutet, die Autorin/der Autor sollte am Ende ihrer/seiner wissenschaftlichen Arbeit (wieder) eine gewisse Distanz zu ihrem/seinem Text herstellen und den Geltungsbereich ihrer/seiner Arbeit durchaus kritisch und realistisch einschätzen können. Das heißt, sie/er sollte die erarbeiteten Ergebnisse in einem übergeordneten Fragen- und Forschungskontext einordnen können.

Tipp:
Notieren Sie sich von Anfang an und kontinuierlich all die mit Ihrem Thema verknüpften Fragen und offenen Punkte, die in der Arbeit Ihrer Ansicht nach nicht oder nur unvollständig behandelt werden können bzw. sich im Prozess der Arbeit herauskristallisieren.

Heben Sie diese nicht verfolgten Abzweigungen und losen Enden auf. Sie können damit wunderbar ihr Abschlusskapitel anreichern. Auf diese Weise können Sie, auch wenn die Zeit knapp wird und Ihr Kopf bereits leer ist, Ihre Arbeit mit zusätzlichen neuen und spannenden Überlegungen abschließen, ohne sich »krampfhaft noch etwas aus den Fingern saugen zu müssen«.

Übung zum Abschlusskapitel

Lesen Sie den nachfolgenden Abschluss einer wissenschaftlichen Arbeit zum Thema »Religiöse Ursachen für Arbeitsverständnis, Partizipationsverhalten und Führungserwartung«. Beurteilen Sie vor dem Hintergrund der bislang in diesem Buch dargestellten Anforderungen an wissenschaftliches Arbeiten die Qualität des Textes und versuchen Sie abzuschätzen, welcher Stufe wissenschaftlichen Arbeitens dieser Text Ihrer Meinung nach wohl zuzurechnen wäre und welcher/n Anforderungsstufe/n dieser Text in welchem Umfang gerecht wird. Leistet der Text mehr, als man bei einer Seminararbeit verlangen kann? Muss man das bei einer Bachelorarbeit als Standard ansehen? Würde das für eine Master- oder eine Doktorarbeit ausreichen? Hinweis: Die Arbeit war damals mit der Note »sehr gut« bewertet worden.

3. Schlussbetrachtung

Zusammenfassend lässt sich festhalten, dass alle betrachteten Religionen die Arbeit als Voraussetzung zum Lebenserhalt erkennen, wenngleich die religiöse Wertschätzung divergiert. Westliche Religionen gehen so weit, Arbeit als notwendig zur Erlangung des Heils zu erachten, während die östlichen Religionen in ihr nicht mehr als eine Notwendigkeit sehen. Arbeit darf nie überbewertet werden und den einzigen Lebenssinn bieten.[100] Es muss genügend Raum bleiben, um religiösen und sozialen Ansprüchen gerecht werden zu können. Alle Religionen fordern ein Mindestmaß an Einsatz. Die gewissenhafte Ausführung übertragener Arbeiten wird immer verlangt, wobei Grundmotivation und Übernahme von Verantwortung divergieren können. Führung soll immer den Menschen im Mittelpunkt sehen, nicht die Sachmittel oder den reinen Erfolg. Eine Orientierungshilfe dazu gibt jede Religion in einer Form des kategorischen Imperativs.[101]

[100] Im christlichen und jüdischen Glauben erfolgt eine Regulierung z. B. aus dem Sabbats- bzw. Feiertagsgebot, im Islam durch die religiösen Pflichten und in den asiatischen Religionen dadurch, dass man nur das zum Lebenserhalt Notwendige erwirtschaften soll.

[101] Rabbi Hillel (60 v. Chr. – 10 n. Chr.): »Tue nicht anderen, was du nicht willst, was sie dir tun." (Sabbath 31a) Jesus von Nazareth: »Alles, was ihr wollt, dass euch die Menschen tun, das tut auch ihr ihnen ebenso.« (Mt 7,12; Lk. 6,31) Islam: »Keiner von euch ist ein Gläubiger, solange er nicht seinem Bruder wünscht, was er sich selber wünscht.« (40 Hadithe von an-Nawawi) Buddhismus: »Ein Zustand, der nicht angenehm oder erfreulich für mich ist, wie kann ich ihn einem anderen zumuten?« (Samyutta Nikaya V,353.35-354.2) Hinduismus: »Man sollte sich gegenüber anderen nicht in einer Weise benehmen, die für einen selbst unangenehm ist; das ist das Wesen der Moral.« (Mahabarata XIII.114.8) Küng 1997, S. 140.

Da jede Religion aktuell bleiben will, passt sie sich durch neue Auslegungen, Ausbildung von Konfessionen und Sekten an die jeweiligen Gegebenheiten an. In weiteren Studien könnten die Wirkungen der unterschiedlichen Ausprägungen der Glaubensgemeinschaften auf die Wirtschaft eines Landes oder die Arbeitseinstellung des Einzelnen betrachtet werden. Eine weitere mögliche Erweiterung der Arbeit ist eine Befragung von Anhängern der Religionen dahingehend, welche Auswirkung der Glaube in ihrem Arbeitsleben tatsächlich zeigt.

Es wird klar: Religion und Wirtschaft sind untrennbar miteinander verbunden, denn »Religion wirkt indirekt ... über die Menschen ...: indem sie Grundüberzeugungen, Grundhaltungen, Grundwerte ins Spiel bringt, indem sie für konkretes Verhalten und Entscheiden letzte Begründungen, Motivationen, Normen liefert.«[102] Deshalb ist der Einfluss der Religion im Arbeitsleben nicht auf Partizipation, Motivation und Führung begrenzt, sondern determiniert neben dem operativen Arbeitsleben auch Faktoren wie die Bereitschaft zur Risikoübernahme, die gesellschaftliche Wertschätzung von Distributionswegen oder das Konsumverhalten.[103] Das wiederum findet in der strategischen oder gar visionären Planung, zum Beispiel bei der unternehmerischen Partnersuche, Niederschlag. Genauso müssen Marketing und Verkaufsstrategien oder gar Kalkulationen im religiösen Kontext verstanden werden.[104]

Die Betriebsorganisation kann vor völlig unerwarteten Hersausforderungen stehen, wenn fremde Riten, Bräuche oder Tabus den Betriebsablauf durchziehen.[105] Verschiedene Werte und Normen nehmen heute wieder an

---

[102] Küng 1997, S. 366.

[103] Vgl. Görge 1979, S. 410.

[104] Islamische Kaufleute berücksichtigen in ihrer Kalkulation häufig keine Miet- oder Lohnaufwendungen, da die Miete im Bazar oft verschwindend gering ist und die Familie die Mitarbeiter stellt. Die Preisbildung erfolgt über individuelle Verhandlungen mit dem Kunden. Anzahlungen werden selten gefordert, Kredite leicht gewährt und man sucht die persönliche Beziehung. Solche Praktiken sind in Westeuropa kaum möglich. Vgl. Heine 1994, S. 104 f und S. 109.

[105] Nur wenige Beispiele seien hier genannt: Der islamische Fastenmonat Ramadan lässt die Leistungsfähigkeit der gläubigen Moslems in diesem Zeitraum absinken, die Arbeitszeit muss auf 6 Stunden am Tag verkürzt werden. Gebetszeiten, von denen sich drei in der mitteleuropäischen normalen Arbeitszeit befinden, haben für gläubige Moslems Vorrang vor allem anderen. Vgl. Jahnke 1996, S. 84 und Dülfer 1996, S. 288. Der hinduistische Glaube, dass alles in der Welt eine Seele hat, veranlasst manchen zu einem Gebet vor einer Maschine, um den in ihr wohnenden Gott zu besänftigen. Vgl. Keller 1982, S. 223. In Mexiko steht in den meisten Betriebsstätten ein Marienaltar. Vgl. Dülfer 1996, S. 288.

Bedeutung zu. Fukuyama erwartet beispielsweise auf Grund einer Vertrauensbasis, die aus »sozialem Kapital«[106] entstehen kann, erhebliche Rationalisierungen im Bereich der vertraglichen Absicherungen und durch den Abbau von Hierarchien. Er bezeichnet in seinem Werk »Konfuzius und die Marktwirtschaft« Vertrauen und soziales Kapital als für wirtschaftlichen Erfolg einer Gesellschaft oder Unternehmung notwendige Faktoren, denn mit ihnen kann man »die potenziellen Effizienzvorteile der neuen Technologien für sich ... nutzen.«[107] In welchem Maß die Religion dabei Bedeutung hat, wird deutlich, wenn man sich bewusst macht, dass Werte und Normen mit religiöser und somit göttlicher Autorität völlig anders vermittelt werden können als durch weltliche Vorschriften.[108]

[106] Soziales Kapital wird »durch kulturelle Erscheinungen wie Religion, Tradition und überkommene Gewohnheiten erzeugt und vermittelt«. Vgl. Fukuyama 1995, S. 43 f.
[107] Fukuyama 1995, S. 41 und S. 411.
[108] Vgl. Küng 1991, S. 78.

Übungsblatt zum Abschlusskapitel

Am Beispiel der Arbeit »Religiöse Ursachen für Arbeitsverständnis, Partizipationsverhalten und Führungserwartung«

Meine persönliche Bewertung

Was gefällt mir gut?

Was gefällt mir nicht?

Was würde ich anders machen?

Auf welcher Stufe wissenschaftlichen Arbeitens wurde dieser Text meiner Meinung nach erstellt?

Welcher/n Anforderungsstufe/n wissenschaftlichen Arbeitens wird dieser Text in welchem Umfang gerecht?

Arbeitsblatt »Mein Abschlusskapitel«

1. Notieren Sie nachfolgend die aus Ihr Sicht wichtigsten Ergebnisse Ihrer Arbeit, die in der Zusammenfassung unbedingt Erwähnung finden müssen.

2. Notieren Sie die wichtigsten offenen Punkte, unbeantworteten und weiterführenden Fragen,
   - die sich für Sie persönlich aus Ihrer Arbeit ergeben haben,
   - mit denen der Leser sich Ihrer Meinung nach der Lektüre konfrontiert sieht.

Offene Punkte
und weiterführende Fragen?

Formalia

»Einer formal ungenügenden Arbeit gebe ich bestenfalls die Note ungenügend.«

So zynisch, einseitig und formalistisch der oben genannte Ausspruch, den schon so mancher Student zu hören bekommen hat, auch klingen mag, es ist etwas Wahres dran: Mit Blick auf den zunehmenden Fokus der wissenschaftlichen Ausbildung auch auf die so genannte »Handlungskompetenz« der Absolventen muss das Bewusstsein dafür steigen, dass die Anfertigung einer wissenschaftlichen Arbeit auch als ein entscheidender Trainingsbaustein für das Verfassen jeglicher Form von Texten im späteren Berufsalltag anzusehen ist. *»You never get a second chance to make a first impression.«* Die formale Ausgestaltung einer wissenschaftlichen Arbeit, ja jedes Dokumentes, hat dabei die Funktion einer Visitenkarte, die mehr als jeder noch so schlüssige Text dem Leser bereits auf den ersten Blick ein bleibendes Qualitäts(vor-)urteil ermöglicht. Deswegen sollten folgende formale Detailaspekte bei der Ausbildung zum wissenschaftlichen Arbeiten besonders berücksichtigt werden:

Aufbau und Layout des Gesamtdokumentes

Die folgende Tabelle zeigt den typischen Aufbau einer wissenschaftlichen Arbeit vom Deckblatt bis zur letzten Seite. Die geringen Unterschiede zwischen Projekt-, Bachelor- und Masterarbeit sowie Doktorarbeit sind jeweils angegeben.

Element	Paginierung
Einband – Projektarbeiten: Klarsichtfolie – ab Bachelorarbeit: kartoniert, u. U. mit Titelangaben bedruckt	keine
leeres Blatt (so genannter »Vorsatz«), NICHT bei Seminararbeiten	nein
Titelblatt	nein
ehrenwörtliche bzw. eidesstattliche Erklärung (an dieser Stelle oder vor dem leeren Schlussblatt)	nein
Geleitwort(e) – optional, i. d. R. nur bei Doktorarbeiten, typischerweise vom Doktorvater	nein
Danksagung der Autorin/des Autors – optional, i. d. R. nur bei Doktorarbeiten, in Ausnahmen auch bei Masterarbeiten	nein
Inhaltsübersicht – optional, begrenzt auf 1 Seite und einem umfangreichen Inhaltsverzeichnis vorgeschaltet	römisch, beginnend mit »I«
Inhaltsverzeichnis	römisch
Abbildungsverzeichnis – sofern Abbildungen vorhanden	römisch
Tabellenverzeichnis – sofern Tabellen vorhanden	römisch
Abkürzungsverzeichnis	römisch
Text	arabisch, beginnend mit »1«
Anhang – falls erforderlich	arabisch
Urteilsregister – falls erforderlich	arabisch
Literaturverzeichnis	arabisch
ehrenwörtliche bzw. eidesstattliche Erklärung (an dieser Stelle oder bereits nach dem Titelblatt, s. o.)	nein
leeres Schlussblatt (so genannter »Nachsatz«)	nein
Einband – Projektarbeiten: entfällt oder Rückseite Schnellhefter – ab Bachelorarbeit: kartoniert bedruckt	keine

Die genauen formalen Anforderungen an die Gestaltung des Titelblattes sowie der Wortlaut von ehrenwörtlichen bzw. eidesstattlichen Erklärungen variieren von Hochschule zu Hochschule. Holen Sie deshalb hierzu die aktuellen Vorgaben Ihres Prüfungsamtes ein.

Inhaltsverzeichnis (und Inhaltsübersicht)

Ein Inhalts*verzeichni*s hat unter formalen Gesichtspunkten folgende Anforderungen zu erfüllen:

- **Darstellung sämtlicher Kapitel der Arbeit.** Das Inhaltsverzeichnis muss bis in die unterste Gliederungsebene hinein alle Kapitel, Abschnitte und Unterabschnitte auflisten, die im Text mit einer Überschrift und einer Nummerierung versehen sind. Die Überschriften müssen dabei wortgleich in das Verzeichnis übernommen werden.
- **Nummerierung sämtlicher Gliederungspunkte.** Aus oben Genanntem ergibt sich ferner, dass alle Kapitel inklusive all ihrer Abschnitte und Unterabschnitte fortlaufend durchzunummerieren sind. Es empfiehlt sich, wie in diesem Buch bereits mehrfach in verschiedenen Beispielen zu finden, die reine Dezimalklassifikation zu verwenden, d. h. ausschließlich mit *arabischen* Zahlen und auch ohne zusätzliche Buchstaben (so genanntes alphanumerisches System) zu arbeiten. Die Dezimalklassifikation findet sich im Übrigen meistens auch als Standardeinstellung in MS-Word und ist für Anwender erfahrungsgemäß am einfachsten zu handhaben.
- **Wortgleichheit der Überschriften von Gliederungspunkten** unterschiedlicher Ebenen oder mit dem Titel der Arbeit vermeiden. Die Überschrift eines Abschnittes darf nicht wortgleich mit der Überschrift des übergeordneten Kapitels sein. Verfechter einer strengen Auslegung dieses formalen Kriteriums verbieten auch die im Wortlaut identische Benennung eines Kapitels, z. B. des Hauptkapitels, und des Titels. Dies sollten Sie in jedem Fall mit Ihrem wissenschaftlichen Betreuer vorab klären.
- **Auflistung aller übrigen Verzeichnisse, Anhänge und Register.** Es kommt immer wieder vor, dass das Literaturverzeichnis am Ende der Arbeit nicht im Inhaltsverzeichnis ausgewiesen ist, sei es versehentlich oder weil die Autorin/der Autor der Auffassung war, dies gehöre nicht mehr zum Text seiner Arbeit und von daher nicht in das *Inhalts*verzeichnis. Dieses Versäumnis wird als grober formaler Fehler schwer geahndet!

- **Angabe der Seitenzahl** (Pagina) aller Kapitel und Abschnitte sowie *aller* weiteren Verzeichnisse, Anhänge und Ähnlichem. Die Angaben der Seitenzahlen ist dabei rechtsbündig zu halten und auf die jeweils erste Seite des Gliederungspunktes zu beschränken: Angaben im Stil »13–29« oder gar »Seite 13–29« werden als unüblich, bisweilen sogar als formaler Mangel angesehen.
- **Einrückung von untergeordneten Gliederungspunkten** von Kapiteln, um sie auch optisch als Unterpunkte kenntlich zu machen. Beispiel:

  2 Bezugsrahmen
  2.1 Historische Grundlagen
  2.1.1 Asiatische Ursprünge
  2.1.2 Europäische Adaptionen
  2.2
  usw.
- **Bildung von Unterpunkten.** Wer »A« sagt, muss auch »B« sagen. Es müssen im Falle, dass ein Kapitel oder Abschnitt weiter untergliedert wird, mindestens zwei Unterpunkte vorhanden sein. Im folgenden Beispiel wäre Abschnitt 2.1 falsch untergliedert, da der Abschnitt mit 2.1.1 nur einen weiteren Unterpunkt aufweist. Dies würde als grober formaler Fehler gewertet.

  2 Bezugsrahmen
  2.1 Historische Grundlagen
  2.1.1 Asiatische Ursprünge
  2.2
  usw.
- **Kein Punkt nach der letzten Ziffer.** Wie aus den obigen Beispielen ersichtlich, darf nach der jeweils letzten Ziffer der Nummerierung eines Gliederungspunktes kein Punkt gesetzt werden. Dies bedeutet auch, dass die Nummerierung der obersten Gliederungsebene, sprich die der Hauptkapitel, grundsätzlich gar keinen Punkt aufweisen darf.
- **Inhaltsverzeichnis UND Inhaltsübersicht.** Bei Arbeiten größeren Umfanges, insbesondere Doktorarbeiten, zählt es zum Standard, dem kompletten Inhaltsverzeichnis eine so genannte Inhaltsübersicht vorzuschalten. Dabei werden aus dem Inhaltsverzeichnis von der untersten Gliederungsebene her so viele Gliederungsebenen ausgeblendet, dass sich die Struktur der Arbeit mit ihren Hauptkapiteln und -abschnitten auf einer Seite darstellen lässt. Die Hinweise auf die übrigen Verzeichnisse, Anhänge und Register werden dabei in die Inhalts*übersicht*

vorverlagert und aus dem Inhalts*verzeichnis* entfernt. Das Inhaltsverzeichnis weist in diesem Fall also nur noch alle nummerierten Gliederungspunkte der Arbeit aus.

Abbildungs-, Tabellen- und Abkürzungsverzeichnis

Wie in der oben genannten Übersichtstabelle dargestellt, erfolgt, sofern notwendig, nach dem Inhaltsverzeichnis als Erstes das Abbildungsverzeichnis, gefolgt von einem Tabellenverzeichnis. Das Beispiel unten zeigt den typischen formalen Aufbau sowohl von Abbildungs- als von Tabellenverzeichnis:

Tipp:
Verzichten Sie auf eine Unterteilung des Abbildungs- oder Tabellenverzeichnisses nach Kapiteln. Dies ist weder erforderlich noch vermag es die Leserorientierung signifikant zu steigern. Sie haben lediglich mehr Aufwand in der Erstellung und Pflege.

In Abbildungs- und Tabellenverzeichnis sind grundsätzlich alle Abbildungen und Tabellen der Arbeit aufzunehmen, egal welchen Inhalts sie sind. Dies bedeutet, dass Sie auch Darstellungen aufnehmen müssen, die Sie selbst entwickelt haben und auch solche, die ausschließlich der Leserführung dienen, wie die zum Gesamtaufbau der Arbeit oder zu Kapiteln (vgl. im oben genannten Beispiel Abb. 4 »Die Form der Arbeit«).

In das Abkürzungsverzeichnis sind in alphabetischer Reihenfolge alle in Ihrer Arbeit verwendeten Abkürzungen aufzunehmen, die nicht dem üblichen Sprachgebrauch entsprechen, d. h. nicht im Duden anzutreffen sind. Typischerweise handelt es sich um fachspezifische Abkürzungen (z. B. CT für Computertomographie) und Abkürzungen von Unternehmensnamen (HP für Hewlett Packard), Organisationen (WTO für World Trade Organisation) oder Parteien

(LDP für Liberaldemokratische Partei). Ferner sind eigens definierte Abkürzungen zulässig (z. B. FGES für fürsorgegerechte Entlohnungssysteme), aber ebenfalls in das Verzeichnis aufzunehmen. Im Unterschied zu den bisher genannten Verzeichnissen weist ein Abkürzungsverzeichnis keine Angabe von Seitenzahlen auf!

Zitierweise und Integration von Quellen

»Wenn ein Autor bei einem anderen abschreibt,
nennt man das Plagiat.
Wenn ein Autor bei vielen anderen abschreibt,
heißt es Wissenschaft.«

anonym

Nachdem die Hürde der Verzeichnisse zu Beginn der Arbeit genommen wurde, richten sich die formalen Anforderungen nun an den Text der Arbeit. Da wissenschaftliche Arbeiten in hohem Maße dadurch gekennzeichnet sind, dass sie auf Theorie und Literatur basieren, mithin fremde Texte auch anteilig integrieren (müssen), richtet sich die formale Bewertung des eigentlichen Textes der wissenschaftlichen Arbeit naturgemäß vorrangig auf Fragen der korrekten Handhabung der herangezogenen Quellen, sprich der Zitierweise und Integration fremden Gedankengutes.

Dabei unterscheiden wir zunächst zwischen der reinen *Zitierweise*, sprich der Übernahme und korrekten Angabe von Quellen, und der *Integration* von fremden Textpassagen in den eigenen Text.

Zitierweise ist die Angabe von verwendeten Quellen und erfordert von Ihnen als Autorin/Autor als Erstes eine Grundsatzentscheidung bezüglich des so genannten Zitier-Systems, mit dem Sie arbeiten wollen: die Entscheidung zwischen der Harvard-Zitierweise und der klassischen Zitierweise mit Fußnotensystem.

Die beistehende Abbildung verdeutlicht Ihnen die grundsätzlichen Unterschiede und Gemeinsamkeiten der beiden Systeme hinsichtlich ihrer Hauptfunktionen und »Arbeitsweise«.

Tipp:
Achtung: Sie müssen sich für ein System entscheiden.
Mischformen sind nicht zulässig.

Merkmale	Harvard-Zitierweise	Klassisch mit Fußnoten (FN)
Position der Quellenangabe	Grundsätzlich im Fließtext ▪ entweder direkt nach dem »Wort« (Meyer 1993:23) ▪ andernfalls am Ende des Satzes. Hier gibt es grundsätzlich keinen Fußnotenraum	Variante 1: grundsätzlich alles im FN-Raum Variante 2: Textquellen im FN-Raum Hier gibt es grundsätzlich keine Quellenangaben im Text! Ausnahme: Quellen von Abb./Tab. direkt unterhalb der jeweiligen Abb./Tab.

Wörtliche Zitate	Im Text »am Ende des Satzes«
	(Meyer 1993:23)
		▪ Im Text: FN-Zeichen »am Ende des Satzes[3]
		▪ Im FN-Raum:
		  ▪ *Variante 1: Meyer (1993:23)*
		  ▪ *Varainte 2: Meyer (Kurztitel), S. 23*
		  ▪ *Variante 3: Meyer, H. »Vollangabe«, S. 23*

Sinngemäße Zitate	Im text am Ende des Satzes/
	Absatzes (Meyer 1993:23)
	
	Im Text vor Beginn z. B. einer
	Auflistung (Meyer 1993:23)
	----- 	
	----- 	
	Achtung: harvard kennt kein »vgl.«
		▪ Am Ende eines Satzes FN-Zeichen [3]
		▪ Im FN-Raum nach dem FN-Zeichen:
		  ▪ *Variante 1: Vgl. Meyer (1993:23)*
		  ▪ *Variante 2: Vgl. Meyer (Kurztitel), S. 23*
		  ▪ *(Variante 3: Vgl. Meyer, H. »Vollangabe«, S. 23)*
		▪ Vor Beginn z. B. einer Auflistung FN-Zeichen[3]
		▪ Im FN-Raum nach dem FN-Zeichen:
		  ▪ *Vgl. zum nachfolgenden und Variante 1 oder 2*

Bei erneuter Nennung einer Quelle	Einfach erneut (Meyer 1993:23)	Im FN-Raum nach FN-Zeichen: Variante 1: erneut Meyer (1993:23) bzw. vgl. Meyer (1993:23) Variante 2: nur im Falle vorheriger Vollangabe (s. o.): (vgl. Meyer a. a. O., S. 23)
Bei sofortiger Wiederholung derselben Quelle	Einfach erneut (Meyer 1993:23)	Im FN-Raum nach FN-Zeichen Variante 1: erneut (vgl.) Meyer (1993:23) Variante 2, auch bei Vollangabe: (vgl.) ebd., S. 23

Abbildung 16

Etwas vereinfacht lässt sich sagen, dass das Harvard-System aufgrund der Tatsache, dass dabei kein Fußnotenraum verwaltet werden muss, einfacher zu handhaben ist als das klassische Fußnotensystem. Es eignet sich besonders für kürzere Arbeiten wie beispielsweise Seminararbeiten, Projektanträge und -skizzen oder Buchexposés. Die Tatsache, dass man umgekehrt, zumindest im deutschsprachigen Raum, fast ausschließlich Doktorarbeiten antrifft, die mit dem Fußnotensystem arbeiten, legt die Vermutung nahe, dass das Harvard-System die Fülle an zugrunde liegender Literatur sowie die Vielschichtigkeit und den Differenzierungsgrad in der Argumentation umfangreicherer und komplexerer Arbeiten nicht zufriedenstellend bewältigen kann, zumindest nicht, ohne die Logik der Argumentation und die Leserfreundlichkeit empfindlich zu beinträchtigen. So ermöglicht das Fußnotensystem neben dem reinen Quellenhinweis die Kommentierung von Quellen, die Angabe von Zusatzinformationen, inhaltlichen Nebenlinien und Querverweisen etc. in wesentlich besserem Umfang als das Harvard-System. Testen Sie selbst, welches System den Anforderungen, die sich aus Ihrem Text an die Verwaltung des Quellenapparates ergeben, am besten entspricht.

Während die angesproche *Zitierweise* die Angabe der Quelle bereithält, geht es bei der *Integration* von Quellen um die Einarbeitung fremder Textpassagen und Aussagen in den eigenen Text. Um nicht sklavisch an Sprachmelodie und Grammatik der Quellen gebunden zu sein, ist es sinnvoll und zulässig, fremde Textpassagen unter Berücksichtigung folgender formaler Vorgaben in den eigenen Text einzubinden:

- **Auslassungen.** Es ist statthaft, unter Beibehaltung der originären Intention des fremden Textes, sprich solange man die Passage nicht aus dem Zusammenhang reißt, Teile der Passage wegzulassen. Diese Auslassung wird mit drei Punkten in zwei runden Klammern gekennzeichnet. Beispiel: »Alle Beobachtungen lassen sich zurückführen auf Grenzziehungen (...). Beobachten heißt *Unterscheiden* und *Bezeichnen*.«
  Bei der Auslassung kann es sich um ein einzelnes Wort, einen Satzteil oder einen ganzen Satz handeln, im Grenzfall sogar um einen Absatz. Selbstverständlich nicht zulässig wäre die Auslassung von mehr als einem Absatz oder gar einer ganzen Seite.
- **Ergänzungen.** In begrenztem Umfang sind auch Ergänzungen in Originalpassagen zulässig. Diese Ergänzungen sollten aber lediglich dann vorgenommen werden, wenn sie im Original auch vorkommen könnten, ohne dabei den Sinn der Passage zu verändern und wenn sie ausschließ-

lich dem besseren Verständnis der Passage dienen. Man darf also keinesfalls etwas »hineininterpretieren«.
Beispiel: »Die Leitunterscheidung [wahr/unwahr; A.d.V.] zerfällt ihnen sofort unter den Händen, wenn sie tatsächlich ins Labor gehen, weil dort gar nicht klar ist, was Wahrheit überhaupt bedeuten soll.«
Hier dient die Ergänzung allein einem besseren Verständnis der Passage. Im vorliegenden Fall war die Leitunterscheidung, von der die Rede ist, im Originaltext, dem die Passage entnommen ist, zu einem früheren Zeitpunkt eingeführt worden, und der oben genannte Satz bezieht sich an dieser Stelle hierauf. Die Ergänzung wird durch eckige Klammern kenntlich gemacht und mit dem Zusatz »A.d.V.« (Anmerkung des Verfassers) versehen.

- **Trunkierungen.** Trunkierung meint das Weglassen eines Satzteiles zu Beginn oder am Ende einer Originalpassage. Drei Punkte ohne Klammern zeigen jeweils an, dass der betreffende Satz im Original anders beginnt bzw. endet. Beispiel für die Konstruktion eines »eigenen« Satzes aus zwei trunkierten Originalpassagen:
  »Angesichts der vielfältigen Verknüpfungen unterschiedlichster Wissensgebiete lässt sie sich nur grob als eine ›... fuzzily defined academic domain, that touches virtually all traditional disciplines, from mathematics, technology and biology to philosophy and the social sciences‹ beschreiben, die ›... für die unterschiedlichsten Leute etwas ganz verschiedenes bedeutet ...‹«
- **Kombinationsmöglichkeiten.** Grundsätzlich ist es gestattet, »... zwei oder alle drei Möglichkeiten [der Integration von Direktzitaten in den eigenen Text, A.d.V.] in einem Satz (...) zu kombinieren ...«.
  Aber man sollte es vielleicht nicht so übertreiben wie gerade eben geschehen.
- **Drei-Zeilen-Regel.** Übersteigt eine übernommene Originalpassage, unabhängig von eventuellen Auslassungen, Ergänzungen oder Trunkierungen und gemessen an der Seitenformatierung Ihrer wissenschaftlichen Arbeit den Umfang von drei Zeilen, so ist dies aus Gründen der wissenschaftlichen Redlichkeit durch entsprechendes Absetzen optisch kenntlich zu machen. Beispiel:

  »Kommunikation kommt nach Luhmann zustande als Synthese dreier Selektionen: »Information«, »Mitteilung« und »Verstehen«.

  > »Irgendein Kommunikationsinhalt muss anders sein, als er sein könnte. Irgendjemand muss sich entschließen, dies mitzuteilen, obwohl er es auch unterlassen könnte. Und irgendjemand muss

> dies Geschehen (unter Einschluss der Differenz von Information und Mitteilung) verstehen, obwohl er sich eben so gut mit ganz anderen Dingen befassen oder die Differenzen und Selektionen auch übersehen oder nicht erfassen könnte.«[245]

Nur wenn die drei Selektionen zusammenkommen, findet Kommunikation statt. ...«

Literaturverzeichnis

Sie haben es fast geschafft. Der Text ist geschrieben und Sie müssen nun »nur« noch sämtliche Quellen, die in Ihre Arbeit Eingang gefunden haben, nach bestimmten Vorgaben im Literaturverzeichnis auflisten. Die formalen Anforderungen an ein Literaturverzeichnis stehen allesamt im Dienst seiner primären Funktion: einer möglichst vollständigen und zugleich effizienten und übersichtlichen Identifikation der Quellen, so dass dem Leser ein schnellstmöglicher Zugriff auf die Quellenangabe gewährt werden kann. Vor diesem Hintergrund ist es ratsam, stets das Prinzip der Einfachheit anzuwenden und wie folgt vorzugehen (siehe auch Abbildung 17):

- **Alphabetische Listung nach dem Urheber.** Es ist üblich, die Quellen von A bis Z nach dem Namen des jeweiligen Urhebers aufzulisten. Eine Unterscheidung der Quellen nach Art des Mediums, dem der Text entstammt (Bücher, Zeitschriften, online-Quellen, CD-ROMs etc.), ist ebenso unüblich wie die Unterteilung der Quellen nach den Kapiteln, in denen sie (zum ersten Mal) verwendet wurden. Eine derartige Vorgehensweise erschwert dem Leser nur das Auffinden der gesuchten Quelle, da er ja nicht wissen kann, ob es sich z. B. bei der Quelle Mueller (2003:50), die Sie im Text Ihrer Arbeit in einer Fußnote angegeben hatten, um ein Buch oder einen Zeitungsartikel handelt, er mithin alle Rubriken des Literaturverzeichnisses durchsuchen müsste. Bei einer Unterteilung nach Kapiteln gilt bei jeder Quelle, die in mehr als einem Kapitel vorkommt, Ähnliches: Sie müssten entweder die Quellenangaben wiederholen oder den Leser zwingen, sich zu merken, in welchem Kapitel die Quelle das erste Mal verwendet wurde.
- **Angabe mehrerer Quellen vom selben Urheber.** In diesem Fall erfolgt die Listung innerhalb des Namens chronologisch, wobei die älteste Quelle zuerst genannt wird.

Eintrag		Logik/Reihenfolge innerhalb eines Namens
Bammé, A. u. a. (Hrsg. 1988): Technologische Zivilisation und die Transformation des Wissens; Profil, München 1988		
Bardmann, T. M. (1994): Dummheit – ein Zugang zum konstruktivistischen Denken?; in: Rusch/Schmidt (Hrsg. 1994), S. 233–255	→ Einzelbeitrag in »fremdem« Sammelwerk	
Bardmann, T. M. (1994a): Wenn aus Arbeit Abfall wird. Aufbau und Abbau organisatorischer Realitäten; Suhrkamp, Frankfurt/M. 1994	→ Eigenes Buch	
Bardmann, T. M. (1997): Unterscheide! Konstruktivistische Perspektiven in Theorie und Praxis; Kersting, Aachen 1998	→ Eigenes Buch	
Bardmann, T. M. (1997a): Diabolische Kommunikation und moderne Arbeitsorganisation. Arbeit jenseits der Eindeutigkeit; in: bardmann (1997), S. 247–263	→ Einzelbeitrag in einem Buch (Aufsatzsammlung)	**1. Allein-Autor**
Bardmann, T. M. (1997b): Die ‚dunklen Mächte' in Unternehmen, in: Bardmann (1997), S. 265–278	→ Einzelbeitrag in einem Buch (Aufsatzsammlung)	
Bardmann, T. M. (1997c): Einleitung; in: Bardmann (Hrsg. 1997), S. 7–18	→ Vorwort als Herausgeber eines Sammelwerkes	
Bardmann, T. M. (1997d): Dirk Baecker – Ein Theoretiker der Differenz, in: Bardmann (Hrsg. 1997), S. 107–119	→ Einzelbeitrag im eigenen Sammelwerk	
Bardmann, T. M. (1997e): Über den Verlust der Kontrolle – Ein Erfahrungsbericht; in: Bardmann (Hrsg. 1997), S. 171–176	→ Einzelbeitrag im eigenen Sammelwerk	
Bardmann, T. M. (Hrsg. 1997): Zirkuläre Positionen; Westdt. Verl., Opladen 1997	→ Eigenes Sammelwerk	**2. Allein-Hrsg.**
Bardmann, T. M. u.a. (1991): Irritation als Plan. Konstruktivistische Einredungen; ibs, Aachen 1991	→ Eigenes Buch, mehr als drei Autoren	**3. Haupt-Autor** **4. Haupt-Herausgeber**
Barney, C. (1996): AUM Conference Prolog: Gurus in the Mud; Online in Internet, AVL: URL: http://members.aol.com/lawsofform/aum/prolog.html; Stand: [28/01/00], Informationsabruf [28/02/00]		

Abbildung 17

- **Angabe mehrerer Quellen vom selben Urheber aus demselben Jahr.** Die Unterscheidung mehrerer Quellen ein und desselben Urhebers aus einem Jahr wird durch die Zusätze a, b, c etc. sichergestellt (z. B. 1997, 1997a, 1997b usw.).
- **Angabe mehrerer Quellen vom selben Urheber mit unterschiedlichem Rang der Urheberschaft.** Hier verlangt die Form eine Listung streng nach dem absteigenden Rang der Urheberschaft. Haben Sie mehrere Quellen ein und desselben Urhebers verwendet, so werden die Quellen wie folgt gelistet: Bei der betreffenden Quelle ist der Urheber
  - Allein-Autor
  - Allein-Herausgeber
  - Haupt-Autor, d. h. steht als Erster in Reihe von Co-Autoren
  - Haupt-Herausgeber, d. h. steht als Erster in Reihe von Co-Herausgebern
- **Mehrere Urheber.** Sowohl bei Autoren- wie bei Herausgeberschaft werden bei Quellen mit bis zu drei Urhebern alle angegeben, ab vier Urhebern nur noch der Erstgenannte, verbunden mit dem Zusatz u. a. (oder et al. für et alii).
- **Fehlen einer Urheberangabe.** Weist die Quelle keinen Urheber aus, wird dies mit »o. V.« gekennzeichnet (= ohne Verfasser).
- **Unternehmen, Organisationen und sonstige Körperschaften als Urheber.** Wissenschaftliches Arbeiten geht zunächst davon aus, dass nur Menschen Texte schreiben können, mithin der Urheber eine natürliche Person ist. Grenzfälle der Handhabung sind folglich alle Texte, die von Organisationen herausgegeben werden. In diesem Fall kann, sofern die Quelle keine natürliche Person als Autorin/Autor oder Hausgeber ausweist, die Organisation als Urheber betrachtet werden, z. B. UNDP (2003): World Development Report; UNDP, New York 2003. (Alternativ könnte man die Quelle auch als »o. V.« ansehen und die Organisation als *Verlag* betrachten, sofern kein anderer Verlag vorliegt.)
- **Weitere Angaben nach der Nennung des Urhebers.** Mit der alphabetischen Listung nach dem Urheber sowie den oben genannten Spezialfällen innerhalb eines Urhebers ist die Grundstruktur des Literaturverzeichnisses festgelegt. Hiermit lassen sich auch die Sonderfälle von Quellen ohne Urheber einordnen. Welche weiteren Angaben zu den Quellen je nach Medium, in dem die Quelle erschienen ist, erforderlich sind, zeigt nachfolgende Unterteilung (siehe auch hierzu Abbildung 17):

  - **Buch:** Autor, Initiale des Vornamens (Jahr der Urheberschaft): Titel, Untertitel; Aufl. *(ab der zweiten Aufl.)*; Verlag, Erscheinungsort(e), Erscheinungsjahr
  - **Beitrag in Sammelwerk:** Autor, Initiale des Vornamens (Jahr der Urheberschaft): Titel, Untertitel; in: Herausgeber, Initiale des Vornamens (Hrsg. Jahr), Seiten
    Zusätzlich an entsprechender Stelle im Literaturverzeichnis erfolgt die gesonderte Listung des Sammelwerkes unter dem Namen des Herausgebers: Herausgeber, Initiale des Vornamens (Erscheinungsjahr): Titel des Sammelwerkes, Untertitel des Sammelwerkes; Aufl. *(ab der zweiten Aufl.)*; Verlag, Erscheinungsort(e), Erscheinungsjahr
  - **Beitrag in Zeitung/Zeitschrift:** Autor, Initiale des Vornamens (Jahr der Urheberschaft): Titel, Untertitel; in: Titel der Zeitung/Zeitschrift; Jahrgang, laufende Nr., Jahr, Seiten
  - **Text im Internet:** Autor, Initiale des Vornamens (Jahr der Urheberschaft): Titel, Untertitel; online im Internet: nach Möglichkeit vollständiger Link, Seitenangabe *(analog zu Buch, sofern vorhanden)*; Stand (Datum) persönliches Zugriffsdatum auf die Website *(Tag und Uhrzeit, zu der Sie als Ersteller Ihres Literaturverzeichnisses auf die betreffende Website zugegriffen haben)*
- **Fehlen vereinzelter weiterer Angaben.** Folgende Kennzeichnung ist im Detail anzuwenden: es fehlt
  - Jahresangabe der Urheberschaft = o. J.
  - Titel des Textes = o. T.
  - Jahrgangsangabe bei Zeitungen/Zeitschriften = o. Jg.
  - laufende Nummer innerhalb Jahrganges bei Zeitungen/Zeitschriften = o. Nr.
  - Seitenangabe = o. S.

Literaturrecherche

Die Suche nach relevanten Quellen verlangt die Kenntnis von Suchsystemen vorrangig für Bücher, Artikel in Zeitungen und Zeitschriften, ferner von statistischen Daten sowie ggf. von working papers. Das Internet spielt dabei selbstverständlich eine wesentliche Rolle. Im nachfolgenden finden Sie verschiedene Linklisten, die Ihnen eine rasche Suche nach passenden Quellen ermöglichen sollen.

Für die zahlreichen Hinweise und die Aktualisierung der Links für die dritte Auflage dieses Buches gilt mein besonderer Dank Frau Dipl.-Bibl. Elke Schorsch, der Leiterin der Teilbibliothek Wirtschafts- und Organisationswissenschaften der Universitätsbibliothek der Bundeswehr München.

1. Allgemeine Suchmaschinen

Eines vorab: Wenngleich der Griff zur Suchmaschine heutzutage vermutlich den gängigsten Einstieg in Literaturrecherche darstellt, wird der Nutzen von Suchmaschinen für das Auffinden von Quellen, die für eine wissenschaftliche Arbeit qualifizieren, in der Regel überschätzt. Die Vielzahl der Treffer produziert regelmäßig eine Informationsüberflutung, die es mitunter schwer macht, qualitativ befriedigende Treffer zu identifizieren.

Google
http://google.de

Mittlerweile die wohl beliebteste Suchmaschine. Dabei bietet der Zusatzdienst *iGoogle* die Möglichkeit einer personalisierten Website, auf der mithilfe so genannter Gadgets Google zur nutzerindividuellen Info-Plattform konfiguriert werden kann.

Yahoo
http://de.search.yahoo.com

Gilt inzwischen als gleichwertig mit Google.

MetaGer

http://www.metager.de

Ein Service des Rechenzentrums der Leibniz Universität Hannover, der als deutschsprachige Metasuche über entsprechende Auswahlmasken folgende Suchmaschinen aktiviert:

- Ausgewählte deutsche Suchdienste wie wikipedia, MSN, Sharelook
- Wissenschaftliche Suchmaschinen wie BASE, TIBORDER
- Spezialsuchen z. B. nach Fotos, Audio und Video, aber auch Dienste wie Internetforen oder Twitter
- Produktsuchen wie eBay oder Ecoshopper
- Internationale Suchmaschinen wie Dmoz oder Plazoo

2. Wissenschaftliche Suchmaschinen

Für die Suche speziell nach wissenschaftlichen Texten besser geeignet sind wissenschaftliche Suchmaschinen, da sie auch Dokumente indexieren, die die oben geannten allgemeinen Suchmaschinen nicht finden (= so genanntes »invisible web«). Gerade auf diesem Gebiet hat sich in den letzten Jahren enorm viel getan.

Scirus
http://www.scirus.com

Als größte einzelne wissenschaftliche Suchmaschine gilt Scirus, das vom internationalen Wissenschaftsverlag Elsevier betreut wird.

BASE
http://base.ub.uni-bielefeld.de/de/index.php

Als nicht kommerzielle Alternative zu Scirus bietet sich BASE (Bielefeld Academic Search Engine) an. BASE ist eine multidisziplinäre Suchmaschine für wissenschaftliche Internet-Quellen, die von der Universitätsbibliothek Bielefeld entwickelt wurde.

Google Scholar

Google Scholar ermöglicht eine allgemeine Suche nach wissenschaftlicher Literatur im Internet. Darüber hinaus verfügt die Suchmaschine über einen Zitationsindex, d. h., Google Scholar liefert nicht nur online verfügbare Volltexttreffer, sondern gibt dazu jeweils an, wie oft der Text andernorts in wissenschaftlicher Literatur zitiert wurde. Diese Hinweise führen unter Umständen zu weiteren relevanten Texten.

3. Hochschulbibliotheken – das Datenbankinformationssystem DBIS

Der ideale Einstieg in die Welt der Hochschulbibliotheken stellt gegenwärtig das Datenbankinformationssystem DBIS dar. Diese Plattform bündelt im Grunde alle für eine wissenschaftliche Recherche notwendigen Datenbanken und Informationssysteme, auf die von einer Hochschulbibliothek aus zugegriffen werden kann, und hat sich in den letzten Jahren zum Standard in der elektronischen Informationsbereitstellung deutscher Hochschulbibliotheken entwickelt. Nach Fachgebieten sortiert listet es die von der jeweiligen Hochschule lizensierten sowie die im Internet frei zugänglichen Datenbanken. Schauen Sie als erstes nach Ihrer Hochschule: Der Menüpunkt »Bibliotheksauswahl/Einstellungen« zeigt eine Liste der Hochschulen, die das System gegenwärtig nutzen.

4. Bibliothekskataloge

Bibliothekskataloge weisen die Bestände von Büchern und Zeitschriften von Bibliotheken aus. Die meisten Bibliotheken sind mittlerweile online verfügbar bieten als so genannter OPAC, WebPAC (PAC steht für Public Access Catalogue) oder Infoguide ihren Bestand über entsprechende Suchmasken an.

Karlsruher Virtueller Katalog (externer Zugang)
http://www.ubka.uni-karlsruhe.de/kvk.html

Mit einer Suchabfrage KVK sind mehrere deutsche Verbünde, der österreichische Verbund, British Library, Library of Congress, VLB, KNO, Deutsche Bibliothek und weitere internationale Kataloge abfragbar. Ferner lassen sich das Verzeichnis lieferbarer Bücher (VLB), der Buchgroß- und Einzelhandel (KNO, Libri,

Amazon) sowie Antiquariate abfragen. Seit kurzem ist mit BASE auch hier eine Volltextsuche integriert.

Gateway Bayern
http://www.gateway-bayern.de

Mit einer Suchabfrage werden alle bayerischen Bibliotheken bestandsmäßig geprüft.

5. Buchhandel und Verlage

Neuerscheinungen benötigen eine gewisse Zeit, bis sie Eingang in den Bestand von Bibliotheken finden. Aus diesem Grund ist es immer sinnvoll, auch im Buchhandel zu recherchieren.

Google Books
http://books.google.de

Die Google-Buchsuche durchsucht weltweit nicht nur den Bestand von Bibliotheken, sondern auch die Verlagsprogramme, und schlägt dem Nutzer entsprechende Buchtitel mit Bezugsquellen vor.

Verzeichnisse lieferbarer Bücher wie VLB, Amazon u. a.
http://www.ub.uni-konstanz.de/digitale-bibliothek/buchhandel.html

Ein Service der Universitätsbibliothek Konstanz, bei dem international sowie für ausgewählte Länder in Europa und Übersee Verzeichnisse lieferbarer Bücher gelistet sind.

6. Zeitschriften und Zeitungen

In Zeitschriften (und Zeitungen) finden sich Neuerungen zu einem bestimmten Thema in der Regel schneller umgesetzt als in Büchern. Wenn Sie bei Ihrem Thema also ganz aktuell sein möchten, werden Beiträge aus Zeitschriften und Zeitungen für Sie unter Umständen einen höheren Stellenwert haben müssen als Bücher.

Der gegenwärtig wohl beste Einstieg erfolgt erneut über das DBIS der Hochschule Ihrer Wahl und von dort weiter zur elektronischen Zeitschriftenbibliothek (EZB). Die EZB ermöglicht eine effektive Nutzung von wissenschaftlichen Volltextzeitschriften im Internet und wird mittlerweile von über 500 Bibliotheken bzw. Forschungseinrichtungen angeboten. Die Zeitschriften sind nach Fachgebieten sortiert, und ein Ampelsystem zeigt die institutionsabhängigen Zugriffsmöglichkeiten auf Volltexte.

Nachfolgende weitere Links ermöglichen ebenfalls die Suche nach Artikeln, teils auch im Volltext.

Ingenta Connect
http://www.ingentaconnect.com

Hervorragende Datenbank für alle Fachgebiete, Volltexte sind jedoch nur gegen Gebühr bzw. über die Lizenz einer Hochschulbibliothek zugänglich.

GBV-Online Contents
http://www.gbv.de/de/info/ViFa.shtml

Das Web-Portal des Gemeinsamen Bibliotheksverbundes der Länder Bremen, Hamburg, Mecklenburg-Vorpommern, Niedersachsen, Sachsen-Anhalt, Schleswig-Holstein, Thüringen und der Stiftung Preußischer Kulturbesitz ermöglicht die Suche nach Zeitschriftenaufsätzen innerhalb bestimmter Fachgebiete.

7. Aktuelle Nachrichten

Google News
http://news.google.de

Gilt vielen als die beste News-Suchmaschine. Google News sammelt Schlagzeilen aus mehr als 700 deutschsprachigen Nachrichtenquellen weltweit. Interessant sind darüber hinaus die Ländereinstellungen: Google bietet mehr als 40 regionale Ausgaben von Google News in vielen verschiedenen Sprachen.

Paperball
http://www.paperball.de

Paperball listet Links zu aktuellen Artikeln von deutsch- und englischsprachigen Pressediensten, Tages- und Wochenzeitungen, die den Nutzern kostenlos über das Internet zugänglich sind.

Business Source Premier, ABI Inform, WISO Sozialwissenschaften und WISO Wirtschaftswisenschaften, ECONLIT, BEFO

Hierbei handelt es sich um Zeitschriftendatenbanken, die primär online als lizenzierte Fachdatenbanken in Hochschulbibliotheken verfügbar und über DBIS zugänglich sind. Da die Datenbanken von kommerziellen Anbietern betreut werden, ist ein Online-Zugang über den jeweiligen Bibliotheksserver in der Regel jedoch nur mit Bibliotheksausweis bzw. nur eingeschriebenen Studenten mit Passwort möglich.

Das Besondere an Business Source Premier: Es verfügt über ein cross-linking-System, das Fachartikel direkt mit den darin zitierten Quellen (z. B. andere Fachartikel) verknüpft, sofern die Quellen ebenfalls in Business Source Premier erfasst sind.

8. Beschaffung von Treffern

Abschließend noch ein paar Tipps zur Beschaffung von Treffern, die Ihnen bei der Recherche nicht sofort im Volltext in die Hände gefallen sind. Neben dem Gang an in die Bibliothek bieten sich unter Umständen folgende Möglichkeiten an:

Bücher

Fernleihe. Jede Bibliothek verfügt über die Möglichkeit, für Sie ein Buch einer anderen Bibliothek per Fernleihe zu entleihen. Fragen Sie in Ihrer Bibliothek nach. Achtung: Beschaffungszeiten betragen oftmals drei Wochen und mehr!

Ankauf durch die Bibliothek. Fragen Sie Ihren Betreuer oder die Beschaffungsstelle Ihrer Bibliothek, ob das gewünschte Buch nicht für die Bibliothek angeschafft werden könnte. Klären Sie dabei aber auch die Beschaffungsdauer, um zu sehen, ob Sie das Buch noch rechtzeitig erhalten.

E-Books

Wenn Sie ein Buch nicht oder nicht rechtzeitig bekommen, bietet sich immer eine kurze Suche danach an, ob der gewünschte Titel ggf. auch als E-Book verfügbar ist. Der E-Book-Markt dient den Verlagen vorrangig der Zweitverwertung von Büchern, nicht selten älterer Titel aus der so genannte Backlist der Verlage, für die nach Abverkauf der Auflage eine erneute Drucklegung nicht rentabel erscheint. Im deutschsprachigen Raum wird man vor allem bei Ciando, beam, Eload24 sowie dem vor allem als Großhändler tätigen Unternehmen Libri fündig. Alle bieten sowohl Fachbücher als auch Belletristik an. Bücher, die dort gelistet sind, werden zum Download angeboten. Inhaltsverzeichnis und Abstract sind in der Regel kostenlos, der Download wird zumeist pro Buchseite berechnet. Je nach Anbieter (so z. B. bei Ciando) ist es auch möglich, einzelne Kapitel zu kaufen.

Zeitschriften- und Zeitungsartikel

Subito. Dieser Service der deutschen Hochschulbibliotheken erspart Ihnen sowohl den Gang in die Bibliothek als auch die Kopierarbeit. Gegen eine Gebühr können Sie unter www.subito-doc.de Artikel bestellen und sich per E-Mail, Fax oder Post zusenden lassen.